認知╳行動╳意志
32個聰明應對困境
的心理技巧

挫折逆轉勝

THE OBSTACLE IS THE WAY

Author of the #1 *New York Times*
Bestseller ***Stillness Is the Key***

RYAN
HOLIDAY

THE
TIMELESS
ART OF
TURNING
TRIALS INTO
TRIUMPH

萊恩・霍利得 著　張斐喬 譯

各界推薦

萊恩．霍利得倡導斯多葛哲學的第一部曲終於在台灣復活了！人生遇到的障礙，就如同RPG中遊戲主角面對的關卡，是設計要來讓主角變強的！唯有不斷地「認清」障礙的本質，冷靜地「行動」去解決它，並且在過程中不斷磨練「意志」，增加自己的等級，我們才能人生這場遊戲中過關斬將，漂亮破關。

——**張修修**（《張修修的不正常人生》YouTube頻道主）

斯多葛學派可能在許多人眼中是相對嚴格、自律或苦行僧的一個形象，但其實不然，它是一種思考模式和工具，更能協助我們突破人生中所面臨到的問題和障礙。同樣也深信這個學派的傳奇投資人查理・蒙格曾提過「做個倖存者，不要當被害者」，這句話也幫助我們在移民加拿大五年來面對問題時，調整好自己的心態。這本書利用現代人可以理解的方式介紹斯多葛學派，作為面對阻礙時的引路燈塔。

——**通勤十分鐘 Esther & Tony**

挫折不可怕，可怕的是你的受害者心態和一蹶不振！然而，自我的摸索終究會有侷限，透過書籍更能突破盲腸，當頭棒喝，少走很多糾結跟摸索的彎路。因此，每次歷經挫折的過程中，我都會不斷提醒自己透過學習，遠離情緒腦，客觀拆解問題，發現個性盲點，才能跳出這個局！相信這本引領我們走向成功和幸福的指南，一定能帶來無限的啟發和勇氣！

——**陳怡嘉**（金石堂愛書大使、教師、作家）

《挫折逆轉勝》不僅是一本書，更是一種思維方式，它教導我如何把生活遇到的各種困難轉變為自我成長的機會。書裡的觀點都很深刻且值得反覆思考，每當生活中遇到難題，我總會回頭翻閱這些章節。讀完之後，都能從中獲得激勵、重拾信心，並且迫切希望能夠運用書中提到的方法來解決眼前的困境。

——**薑餅貧**（知識型 YouTuber）

目錄

CONTENTS

PART 02

行動

楔子

有一件麻煩事橫亙在你的眼前——這個沮喪、不幸、棘手又教人意外的問題，阻礙了你去做想做的事情。假如那件令你望而生畏，或讓你在心裡暗自期望從未發生的事情，其實沒有想像的那麼糟呢？

假如這個問題其中涵蓋了某些好處，而且是只有你才能享有的好處，你會怎麼做？你覺得多數人又會怎麼做？或許，大家向來只會這麼做，而這也可能正是你此時此刻的做法，那就是——什麼都不做。

坦白說，我們大多數人遇上麻煩事，都會變得僵固麻痺。無論我們各自的目標是什麼，在這許許多多的障礙面前，多數人都只會動彈不得。

我們希望這不是真的，但事實就是如此。

阻礙我們的那些事物很顯而易見，比如系統性的問題，包括腐化的制度、節節攀升的失業率、暴漲的教育成本和快速更替的創新科技；或是個人層面的問題，像是身形太矮、年紀太老、心懷恐懼、經濟窮困、壓力太大、沒權沒勢、靠山太少、信心不足。看吧，我們還真會給自己找理由裹足不前呢！

種種障礙對不同人而言都是獨一無二的，但引發的反應卻如出一轍：恐懼、挫折、困惑、無助、憂鬱、憤怒。

你很清楚自己該怎麼做，卻感覺像有個無形的敵人把你困住、拿枕頭把你壓著。你嘗試往前進，卻總是有某些東西跳出來阻礙你的路，跟隨著你，阻撓你踏出的每一步。雖然多少還能自由行動，但僅剩的自由只夠你拿來自怨自艾，好像一切都是自己的錯，沒辦法堅持到底、積攢動力來實現目標。

我們對自己的工作、人際關係，以及在這個世界上的地位感到不滿。儘管我們努力想取得進展，卻總是有些人事物從中阻撓。於是乎，我們乾脆什麼都不做。

我們把錯怪罪到老闆、經濟、政客和他人的頭上，不然就自認失敗、把目標當作痴人說夢。但其實真正有問題的只有一件事，那就是我們的態度跟方法。

市面上有無數的課程和書籍，是關於如何獲致成功，卻沒有人教我們如何克服失敗，去思考如何面對、處理及戰勝障礙。於是我們被困住了，其中有很多人感到四面楚歌、迷失方向、反應被動、痛苦不堪和無所適從。

但另一方面，也不是所有人都無力面對。我們滿懷敬畏地看到，有些人似乎能把從中作梗的障礙變成自己的跳板。他們是怎麼辦到的？祕訣是什麼？

更令人困惑的是，前幾代人面臨著更嚴重的問題，他們的社會安全網更脆弱、可用的工具更少，然而他們要處理的障礙，跟我們如今所面對的一樣，更別說他們還必須為了自己的孩子跟他人，下很大的功夫消除阻礙。儘管如此，我們還是卡住了。

究竟這些人有哪些能力是我們所缺乏的？我們到底少了些什麼？答案很簡單：一種理解、欣賞並應對生活困境的方法和框架。

石油大亨洛克斐勒就有自己的一套方法，對他而言，是冷靜的頭腦及自律。偉大的雅典演說家狄摩西尼（Demosthenes）亦有之，對他來說，是透過行動和練習來強化自我的一股不懈的動力。對林肯總統而言也是如此——他的應對方法就是謙遜、毅力和慈悲的意志。

還有些其他的名字，你會一再於本書中看到，包括：格蘭特將軍、發明家愛迪生、柴契爾夫人、富商賽繆爾·澤穆瑞（Samuel Zemurray）、女飛行員愛蜜莉亞·艾爾哈特、隆美爾將軍、艾森豪將軍、作家理察·賴特（Richard Wright）、拳擊手傑克·強生（Jack Johnson）、老羅斯福總統、賈伯斯、海軍中將詹姆斯·史托克戴爾（James Stockdale）、作家蘿拉·英格斯·懷德、歐巴馬總統。

上述這些男士女士中，有些人面對的是令人難以想像的恐怖困境，包括監禁與使人衰弱的重病。此外，他們也經歷著與我們無異的日常挫折。他們得面對跟我們一樣的競爭、政治逆風、戲劇性事件、反抗、保守主義、分手、壓力和經濟災難，甚至更糟的事。

歷經壓力之後，這些人蛻變了。他們蛻變的方式，與英特爾前CEO安迪·葛洛夫描述企業在動盪時期遭遇的情況一致：「糟糕的公司被危機摧毀，好的公司撐過危機，優秀的公司因危機而改進。」

傑出者就跟優秀的公司一樣，能找到化弱點為優勢的辦法，這樣的壯舉令人驚奇、感人肺腑。他們將本應阻撓他們的事物——實際上此刻可能也正阻撓著你的事物——轉化為向前邁進的力量。

事實證明，歷史上所有偉大的人物都有一個共同點。就像氧氣之於火，困境成了助長其雄心的燃料。任何人事物都阻止不了他們，他們是（而且一直都會是）無法被擊倒或束縛的，任何阻礙都只會使他們內心的熊熊野火更加熾烈。

這些人有辦法把情勢翻轉過來，他們活出了馬可·奧理略（羅馬皇帝兼哲學家）的話語，並且遵循了哲學家西塞羅稱之為「唯一真正的哲學家」的古老斯多葛學派思想，即使他們從未閱讀過這些哲學著作[1]。他們有能力去看清楚障礙的本質，有智慧去解決問題，有意志去忍受這個多數時候超出他們理解和控制的世界。

1 我認為斯多葛主義是一種非常迷人且至關重要的哲學。但我也能同理活在現實世界中的你，此刻可沒空聽一場歷史講座。你需要的是能真正幫助你解決問題的實用策略，而這正是本書會提供的。如果你想了解更多有關斯多葛主義的資源和推薦讀物，我在書末的閱讀列表中有提供相關資訊。

老實說吧，大多數情況下，我們並不會處在難以忍受的恐怖境地；相反地，我們面對的只會是一些稍嫌不利的處境，或陷入不太理想的情況。又或者，我們試著做一些難度很高的事情，卻發現自己力不從心、身心俱疲或想不出辦法。這種時候，同樣的邏輯也適用：扭轉它、找出優勢、將之化為燃燒的動力。

說得簡單，但做起來當然很不容易。

本書不是一本洋洋灑灑的樂觀主義書籍。這不是一本告訴你情況變糟時還要否認現實，或被坑時還要任憑他人欺負的書。裡面不會有俗氣的箴言，或是逗人但全然無用的諺語。

本書也不是在講述斯多葛學派的學術研究或歷史；關於斯多葛學派的著作很多，其中不乏來自於有史以來最聰明、最偉大的思想家。我沒必要去重寫那些他們早已寫過的內容，各位只要去研讀原著就好。沒有任何一種哲學著作，比斯多葛學派更容易理解，這些書彷彿是去年寫成的，而不是兩千年前。

我已經盡我所能去收集、理解他們的教導和技巧，並將之付梓。古哲學的傳播從來就不在意著作權或原創性，每一位作家都只是在盡力翻譯和解釋這些偉大哲人們的智慧，透過書籍、日記、歌曲、詩歌和故事，將它們傳承下來。所有的這些智慧，都在數千年間人類經驗的熔爐裡變得更加完善精鍊。

本書將與讀者們分享這些集體的智慧，以幫助各位面對我們共有的課題：「克服障礙」——這不但是個很具體的問題，同時也是愈來愈緊迫的目標，包含心理障礙、身體障礙、情感障礙、所有能感知到的障礙。

我們每天都要面對這些障礙，整個社會更是因此而麻痺不前。如果我們整本書的目的，就只是在教你如何處理和踢開這些絆腳石，讓事情變得輕鬆一點，那也很不錯了。但我的目標比這還要更高，我想教你的是，將所有的障礙轉換成「優勢」的方法。

也就是說，這本書會完全走實用主義路線，並融入一些歷史故事，藉以描繪出堅持不懈和獨創不倦的藝術。文中會教你如何擺脫僵局、解決困境、鬆開束縛。書裡面也會教導，如何把我們生活中常遇到的負向情境轉成正向情境，或者至少能從中攫取一點好處，從不幸中奪得一點幸運的成分。

本書不是談「如何不把事情看得那麼糟？」並非如此，而是你會自己打從心底相信「這本來就是一件好事」，你會因此得到一個大好機會，來獲取新的立足點、往前邁進或走上更好的方向。不是「保持正向」，而是學會不斷創造和把握機遇。

不是洗腦自己說「這沒那麼糟」，而是真心相信「我可以讓這一切變得更好」。因為這是有可能的。事實是，我所說的這一切已經發生，而且日復一日地持續在發生。這就是我們將在這本書中揭示的力量。

阻撓前進的障礙

來講個古老的禪宗故事。有位國王看到自己的人民變得日益懶散、渾渾噩噩，他對這樣的情況感到不滿，想藉機給人民一個教訓。他的計策很簡單：在通往城市出入的主要道路中央，放置一塊巨石，完全擋住進城的路，然後躲在附近觀察人民的反應。

大家會怎麼做呢？會團結起來把障礙移除嗎？還是感到沮喪，乾脆放棄、返家去呢？看著臣民一個又一個地來到障礙前，要不掉頭就走，要不稍微試一下就放棄，這位國王簡直愈看愈失望。很多人出聲抱怨，詛咒國王或是命運，不然就是對於眼前的不便怨聲載道，卻沒有一個人願意想出任何對策。

幾天過去了，有位農民獨自走了過來，準備進城。他沒有轉身離開，相反地，他用力推了推，想把巨石推到一邊去。不久，他突然靈機一動，匆匆跑進附近的樹林，想找個能作為槓桿使用的木材。最後，帶了一根已經被他削成槓桿的樹枝回來，用它來撬動道路上的巨石。

石頭下面放著一袋的金幣，還有一封國王寫的便條，上頭寫著：橫亙於道路前的障礙，可以成為道路。永遠別忘了，每個障礙都是我們改善自身狀況的絕佳機會。

有什麼東西阻礙著你？

是物質或生理上的障礙嗎？像是體型、種族、距離、殘疾、金錢？還是心理上的障礙？諸如恐懼、不確定性、缺乏經驗、偏見？

也許有人不把你當一回事，或是你嫌自己年紀太大，又或是缺乏支持和足夠的資源。可能有哪條法律或規定限制了你的選擇，或者被自己的責任義務綁住，不然就是目標訂定錯誤，充滿自我懷疑。

不管阻礙著你的是什麼，你就是已經走到了這一步。我們都已經走到了這一步。

而且……這些都是障礙，我懂。沒人能否定這一點。

但是看看那些走在你前面的人，看看那些天生體型矮小的運動員、視力不夠好的飛行員、時代先驅的夢想家、不同族裔的人、輟學生和讀寫困難者、出身低微的人、移民、暴發戶、堅持原則的人、滿懷信仰的人、追夢的人。或者那些本身一無所有，甚至情況更糟、每天生存都受到威脅的人。他們怎麼樣了呢？

是啊，很多人都放棄了。但還是有一些人沒有放棄。他們把「要比別人強一倍」視作挑戰，加倍努力練習，尋找捷徑、參透自己的弱點，從陌生的臉孔中仔細辨識出盟友。路途中會受到一些打擊，而眼前的一切都是有待他們逆轉的障礙。

然後呢？他們把握住潛藏在每個障礙裡的大好機會，並為此做了一些特別的事情，而我們就是要來向他們學習的。

無論我們陷入的麻煩是什麼——求職遇上困難、對抗社會歧視、資金不足、困在糟糕的關係裡、與強勁的對手交鋒、跟員工或學生難以溝通、創作時腸枯思竭，都要知道這些困境總會有出路的；遇到逆境時，我們都可以把永不放棄的人當作榜樣，將阻礙轉為優勢。

所有偉大的勝利者，無論他們是在政界、商界還是藝術界，都需要創造力、專注力和勇氣這三種強大的組合，來解決棘手的問題。當你有目標的時候，障礙實際上就是在教導你，如何到達你想去的地方，並為你開拓一條道路。美國開國元勛富蘭克林曾寫道：「傷害我們的東西，也會指導我們。」

如今，多數的障礙都是內在而非外在的。二戰以後，我們的生活已經是歷史上最繁榮的時期之一，要面對的戰爭跟致命疾病變少，社會安全網也變得更加健全。但是，這個世界依舊很少會完全照著我們的想法運轉。

我們面對的不再是外部的敵人，而是內在的緊張和衝突。我們會遇到職業上的挫折，沒有達到自己或他人的期望，產生「習得性無助感」。而且人類有史以來所面臨的壓倒性情緒，我們也都有，包括悲傷、痛苦與失落。

我們的許多問題來自於擁有的東西太多：快速更迭的新科技、垃圾食物、告誡我們該如何生活的傳統觀念。我們太軟弱驕縱、太自以為是、不敢面對衝突。美好的時代會使人變得懦弱，過得太富足豐盛也可以成為一種障礙，很多人都能證明這一點。

我們這一代人，比以往任何時候都更需要克服障礙，並在混亂中蓬勃發展。我們需要一種方法，來幫助自己改變對問題的看法，把障礙當成創造傑作的畫布。無論你是一位創業家或藝術家，征服者或教練，努力奮鬥的作家或智者，抑或是一位勤奮的媽媽，這些靈活的方法都適用。

克服困難的方法

此時此刻，客觀地判斷。
此時此刻，無私地行動。
此時此刻，心甘情願地接受所有外在發生的事件。
這就是你所需要做的一切。
——羅馬皇帝奧理略

「克服障礙」是三個關鍵步驟的修練。

第一步始於我們對特定問題的看法，也就是我們的態度跟方法；第二步是能夠主動出擊，擁有能量和創造力，將問題轉化成機遇；最後一步則是培養及保持內在的意志，使我們能應對失敗和困難。

認知、行動和意志，這是三個相互依存、彼此關係密切的修練。過程很簡單，但同樣並不容易。我們會從歷史、商業和文學的面向，去回顧善用此一過程的實踐者，透過各個角度來查看具體案例中的每一個步驟，從中學習、培養出好的態度，並且掌握其中精妙的智慧。藉由這麼做，我們可以在任何被關上門的地方，創造另一片天。

無論是無法達到目標，還是在逆境中做困獸之鬥，我們都可以透過這些實踐者的故事，把他們常用的方法應用到我們的生活中，以應付常見的障礙。因為這些障礙不僅可以預料，而且值得擁抱。

什麼？擁抱？沒錯，因為這些障礙實際上是考驗我們自己、嘗試新事物，並在最終取得勝利的絕佳機會。

障礙即是正道。

PART

01

認知

P E R C E P T I O N

認知是什麼？認知指的是，我們如何看待及理解發生在周圍的事情，以及我們決定那些事件意味著什麼。我們的認知可以是強大力量的來源，但也可以是極大的弱點；情緒化、主觀和短視，都只會徒增困擾。為了避免被周遭世界所淹沒，我們必須學會像古人一樣，限制自己的熱情，避免被熱情所左右。要擊退有害的認知，需要技巧跟修練，將可靠的信號與欺騙我們的信號區分開來，濾除偏見、期望和恐懼。這麼做是值得的，因為留下的會是**真相**。當別人激動和恐懼時，我們會維持冷靜和沉著。我們會以簡單直白的眼光看待事物，如其所是——既沒有好也沒有壞。這將成為我們對抗障礙時，所能擁有的一個非常大的優勢。

認知的修練

在洛克斐勒成為石油大亨以前，他是俄亥俄州克利夫蘭的簿記員，同時也是個頗有抱負但無足輕重的金融家。其父親是一名酗酒的罪犯，拋家棄子，家境清寒。年輕的洛克斐勒，在十六歲時取得了人生的第一份工作，他把這天叫做「工作日」，餘生都將這天視為重要紀念日來慶祝。以每天五十分美元的薪水來說，日子過得還算不錯。

然而不久之後，巨大的恐慌席捲而來，也就是一八五七年經濟危機造成的金融恐慌。這場大規模的全國性金融危機，起源於俄亥俄州，對克利夫蘭造成了特別嚴重的衝擊。隨著遍佈全美的企業倒閉、穀物價格暴跌，西進的擴張行動迅速停滯。造成的結果，是一場持續數年的嚴重經濟大蕭條。

洛克斐勒本該感到害怕，畢竟他才剛開始對金融市場上手，就碰上了歷史上最嚴重的市場蕭條。他大可像他父親那樣抽身逃跑，退出金融業，轉換跑道，從事風險較小的工作。但他年紀輕輕就表現出沉著的態度，在高壓且隨時可能斷炊的情況下，仍舊處變不驚。更了不起的是，在其他人都失去理智時，他仍能泰然自若。

他並沒有抱怨眼前的經濟動盪，反而殷切地觀察這場重大事件。他選擇將這一切視作學習的機會，一場金融市場的洗禮。洛克斐勒靜靜地存錢，觀察別人犯下的錯誤。他看出經濟中的劣勢；很多人把表象視為理所當然，這使得他們全都對變革或震盪措手不及、毫無準備，但他卻沒有落入這樣的陷阱。

在這場事件中，他學會了一個重要的教訓，而這個教訓將伴隨他一生：市場本質上是不可預測的，而且往往很殘酷，只有頭腦保持理性和修練心靈，才有希望從中獲利。他意識到，投機將導致災難，他必須永遠避開「瘋狂的群眾」和這種傾向。

洛克斐勒立即將這些領悟付諸實踐。二十五歲時，有一群投資者提供了他五十萬美元的資金，前提是他能找到合適的油井來投資。洛克斐勒對這個機會感激不已，於是前往附近的油田考察。幾天後，他空手而歸，令其支持者大為震驚，結果一毛錢都沒有投資。儘管外面的市場非常熱烈，但他就是覺得時機不對，所以將錢退還，遠離了鑽油業。

正是這種強烈的自我修練和客觀如實，使洛克斐勒得以在一生遭遇的一個個障礙中，抓住每一次的大好機會，無論是南北戰爭，還是一八七三年、一九〇七年和一九二九年的經濟恐慌期間。一如他曾說的：他會試圖從每一場災難中看到機會。我們還可以再補充一點：無論情境如何，無論條件多麼誘人，他都有抵制衝動或興奮的力量，能夠保持沉著冷靜。

在初次金融危機發生的二十年內，洛克斐勒獨霸石油市場的百分之九十。他貪婪的競爭對手已然倒閉，緊張不安的同事出售股份，離開了這個行業，軟弱的懷疑者也都錯過了機遇。

在洛克斐勒餘下的生命中，混亂愈大，他就愈能冷靜，特別是當身邊的其他人陷入恐慌，或因貪婪而發狂時。他在這些市場波動中賺取了大部分財富，因為他能在別人盲目時依舊保有精準的眼光。這項領悟如今也反映在巴菲特的名言中：「別人貪婪時，你要恐懼；別人恐懼時，你要貪婪。」洛克斐勒就像所有偉大的投資者一樣，能夠以冷靜而理智的常識來抵制衝動。

有位評論家對洛克斐勒的帝國感到敬畏，他形容標準石油集團為「神話般變化多端的生物」，每當競爭者或政府設法拆分它時，總能一次又一次地脫胎換骨。這種形容原是一種批評，卻能充分展現洛克斐勒堅韌、適應力強、冷靜、聰明敏銳的人格特質。他不因經濟危機而動搖，不因華麗的虛假機會而動搖，不因敵人的欺凌而動搖，甚至不因聯邦檢察官的盤問而動搖（他是個在盤問時以難搞出名的證人，從不為引誘所屈服，也不會為自己辯護，或是心煩意亂）。

洛克斐勒是天生如此嗎？不是的，這是學習而來的行為。他從一八五七年的那場金融危機開始學到這種修練，他還把這個危機稱作「逆境和壓力的學校」。

他曾經說過：「要為人生起步階段的基本生活所需奮鬥的年輕人，是多麼地幸運啊！對於這三年半的學徒生涯，和一路上要克服的困難，我將永遠感激。」

當然，許多人都曾經歷過與洛克斐勒一樣難熬的時光，他們都上過同一所名為「艱困時期」的學校，卻很少有人跟洛克斐勒的反應一樣。訓練自己把障礙當成機會的人並不多，所謂的機會指的是，意識到降臨自身的並非無可挽救的不幸，而是一份蘊含教育意義的禮物——一個經濟史中難能可貴、可以當作「學習機會」的時刻。

我們總會在生活中遇到各式各樣的障礙，對你而言也不一定公平。你會一再地發現，最重要的不在於你碰上的挫折為何，而是如何看待它、碰上後該如何反應，以及能否沉著以對。你會學到的是，我們的反應將決定能否成功克服障礙，甚至因障礙而變得更加茁壯。

同一件事，某個人可能看到危機，而另一個人卻能看到轉機。一個人可能被成功沖昏頭，而另一個人卻能以無情的客觀角度看見事實真相。一個人情緒失控，另一人卻能泰然自若。絕望、失落、恐懼、無力——這些反應都是認知的作用。你必須明白的是：沒有任何一件事能讓我們有這些感覺；會屈服於這些感覺，都是我們自己的「選擇」。或者你也可以像洛克斐勒一樣，選擇不屈服。

洛克斐勒之所以能達到令人驚嘆、近乎不可思議的高度成就，就是因為他對事物的反應跟一般人有所差異、對於大環境的認知與世界上的其他人不同。他小心謹慎的沉著自信是一股極大的力量；當他人把某件事視作負面的時候，他能夠用理智、清晰的思路去處理，更重要的，是將其視作一場大好機會，而不是感到恐懼或出聲怨嘆。

洛克斐勒的故事不僅僅是一個類比而已。

我們都活在自己的鍍金時代（譯註：Gilded Age，大約從一八七〇年代到一九〇〇年，是美國的財富突飛猛進的時期，數百萬移民從歐洲來到美國，大量重工業飛速發展）。不到十年的時間裡，我們經歷兩次重大的經濟泡沫化，產業崩潰，人民生活亂成一團。不公不義的事情隨處可見，金融衰退、社會動盪、人人自危；民眾恐懼感瀰漫、進退兩難、充滿憤怒和不安，紛紛聚集到祖科蒂公園（譯註：位於紐約市華爾街金融區的一個公園，二〇一一年曾發生佔領華爾街抗議活動，反抗大公司的貪婪不公和社會的不平等），或在網路社群發出怒吼。他們只是做了自己該做的，對吧？

但其實不見得要如此。表象會騙人，真正重要的是要看潛藏在底下的東西是什麼。

我們可以學習用不同的角度看待事物，把別人相信或害怕的幻相給識破，也不再將眼前的「問題」視為問題，學會專注於事物的真實本質。我們太容易情緒化反應、感到沮喪、失去遠見，這麼做只會把壞事變成真正的壞事。無益的認知會侵略我們心智那塊理性、行動和意志的神聖之地，擾亂我們的指南針。

人腦的進化是為了因應許久以前的環境，當時的環境已與我們當前的環境截然不同，也因此，我們攜帶了各種各樣生理結構上的包袱。人類仍舊會去偵測不存在的威脅和危機，例如因經濟壓力而冷汗直流，或被老闆咆哮時激起「戰或逃反應」。這些時候我們都不是真的危在旦夕，並不會真的餓死或爆發暴力事件，儘管有時的確會感受到威脅迫在眉睫。

針對任何一種處境，到底要如何反應，我們是有選擇權的。是要被原始的情感牽著走，還是理解並學會過濾這些情感，我們可以自己選擇。修練認知能夠讓你在每種情境下，都可以清楚看到優勢，採取適當的行動方針，不受恐慌或畏懼的侵擾。

洛克斐勒深諳此道，他擺脫了不良的、破壞性的認知束縛，磨練出控制、引導和理解這些信號的能力。這就像是一種超能力，因為多數人都做不到，他們從不質疑自己的衝動和直覺，因而成了這兩者的奴隸。

我們可以理性看待災難，或者更確切地說，像洛克斐勒一樣，在每次災難中看到機會，並將種種負面情況轉化為學習、技能或財富。以正確的態度看待一切事情——無論是經濟崩潰還是個人的不幸，都看作是前進的機會。即使事態的發展方向跟我們預期的不同，也一樣要這樣看待。

面對看似難以克服的障礙時，有幾點可以謹記在心：

- 保持客觀
- 控制情緒，保持穩定
- 選擇從當下的情況看到好的那一面
- 穩定心神
- 不去理會令人不安或限制自己的事物
- 用正確的認知判斷事情
- 回到當下

● 把注意力放在可控的事物上

這就是從障礙中看到機會的方法。一切不會自動發生，而是一個過程，是自我修練和合理處事的結果。

你隨時都可以運用這套道理，只要將其發揮出來即可。

明白自己是有力量的

選擇不受傷害，你就不會感到受傷。
不要感到受傷，你就不會受到傷害。
——羅馬皇帝奧理略

六〇年代中期的拳擊手「颶風」魯賓．卡特（Rubin"Hurricane" Carter），是一位頂尖中量級冠軍頭銜的熱門爭奪者。他在職業生涯最高峰的時候，被冠上謀殺三人的莫須有罪名。他接受審判，最終的結果卻是帶有偏見的不公判決：三個無期徒刑。

卡特一下子從功成名就的巔峰跌落谷底。根據報導，他準備入獄時，仍穿著昂貴的訂製西裝、手戴五千美元的鑽戒和一只金錶。正在排隊等候入監服刑時，他要求跟監獄負責人見上一面。

卡特直視典獄長的眼睛，接著緩緩告訴他和獄卒，他不會放棄自己所能控制的最後一件事物，那就是他自己。在這了不起的宣告裡，卡特如是說：「我是因為一場不公義的審判而被迫入獄，但我知道你們跟這場判決無關，所以我願意在此服刑，直到獲釋。但我想講的是，無論在什麼情況下，我都不願被當作囚犯，因為我沒有犯罪，我也永遠不會讓自己陷入無能為力的境地。」

很多人可能會在這種前景黯淡的情況下崩潰，但卡特不願屈服，不願放棄內在屬於他自己的自由：保持良好的態度、信念和做出正確的選擇。無論是入監服刑，還是被單獨監禁數周，卡特都堅持自己是有選擇權的。就算肉體被束縛，也沒有人能剝奪他的選擇權。

他會對眼前的事情感到憤怒嗎？當然！他怒火中燒，但很明白暴怒沒用，因此拒絕這麼做。他也不願崩潰、卑躬屈膝或表現絕望。他拒穿囚服、不吃監獄裡的食物、不與訪客見面、不參加假釋聽證會、也不願在食堂工作以縮短刑期。而且也沒人能碰他，除非想找架打，不然別人連他的一根寒毛都碰不得。

卡特這麼做都是有目的的：他想把每分每秒的能量，都花在他的法律案件上。他醒著的每一刻，都用來閱讀法律、哲學與歷史書籍。給他判刑的人並不能摧毀他的人生，頂多只是把他放在一個不屬於他的地方，而他也不打算一直待在那裡。他充分利用手頭上的時間，埋頭苦學。等到離開監獄的那一刻，他不僅會是個自由且清白的人，還會是個更好、更出色的人。

歷經十九年的時間和兩次重審，才終於推翻判決，但卡特走出監獄之後，他就只是繼續過自己的生活，沒有提起民事訴訟要求賠償損失，也沒有要求法庭道歉。因為對他來說，那樣做的話就等於是暗示別人奪走了他的什麼，彷彿對他有所虧欠似的。但他從來不這樣想，即便被孤獨地監禁在黑暗深處也一樣。他老早就做出選擇——這件事情傷害不了我；雖然我從來就不希望這件事發生，但我可以自行決定要不要受它影響，**別人沒有權利影響我**。

我們能夠決定自己要如何因應每個情境，是要崩潰呢，還是要抗拒？要接受呢，還是要拒絕？別人不能強迫我們放棄，或是相信並非事實的事情（例如某個狀況是絕對無望或無法改善的）。我們有完全的自主權，去決定我們對一件事情的認知是什麼。

別人可以監禁我們、替我們貼標籤、剝奪我們的財產，但他們永遠無法控制我們的思想、信念和反應。也就是說，我們從來就不會是全然無力的。即便是在監獄裡，一切看似都被剝奪了，我們仍舊擁有一部分的自由。我們的心智仍屬於自己，夠幸運的話，還有書可以讀，又有大量時間可以運用。卡特知道自己沒有多大的權力，但他明白這跟「無能為力」不是同一回事。從曼德拉到非裔人權運動者麥爾坎．X，許多偉人都了解這其中的基本差異。他們因為懂得這些，才能把監獄轉變成改造自我的工作室，以及改變他人的學校。

如果連一場不公正的監禁判決，都不僅可以挽回、還能夠帶來改變與益處，那就表示對我們而言，任何經歷都一定會蘊含潛在的好處。事實上，只要我們的理智還在，我們可以退一步，記住情境本身並不存在好或壞的意義，那是作為人類的我們，才會透過認知去判斷它究竟是好還是壞。

對某個人來說可能是負面的情境，對另一個人而言卻可能是正面的。正如莎士比亞所述：「世事沒有好壞之分，端看你怎麼想。」

兒童經典文學「小木屋」系列的作者蘿拉·英格斯·懷德，就是按照這樣的觀念而活。她搬過好幾次家，每次面對的都是地球上最艱困的環境，像是嚴酷貧瘠的土壤、印第安人的居留地、堪薩斯的草原以及佛羅里達蠻荒潮濕的林地。但她既不害怕也不厭倦，因為她將一切視為一場探險。無論怎樣的命運降臨到她和先生的身上，他們都能帶著鍥而不捨的態度、活潑高昂的拓荒精神，到哪兒去都當成是發展新事物的大好機會。

這並不是說她透過充滿幻想的玫瑰色濾鏡看待這個世界，她單純只是選擇看到每個情境的潛能，並且伴隨著努力和積極向上的精神過活罷了。但與此同時，別人卻只會做出相反的選擇。而我們呢？我們面對的情況可能還沒這麼可怕，卻總是覺得自己快完蛋了。

障礙是因為這樣，才變成了真正的難關。

換句話說，我們經歷的每一項障礙，都是由我們對事件的認知所創造的。假如它具有破壞性，那也是出於我們自己的創造。若不是出自我們的認知，事情也不會有所謂的好或壞；一件事的意義為何，都是由我們自己對這件事的詮釋而定義。

一念之間就能改變一切，不是嗎？

想像你的公司有名員工，不慎發生錯誤，讓你的事業蒙受損失。你可能花了許多時間和精力，就只為了避免這樣的事件發生。雖然如此，你還是可以轉個念頭，把這當作是你恰好在尋求的機會。唯有這樣的經驗，才能突破原有的防線，讓你學到一課，把「失誤」變成「訓練」的機會。

再次強調，同一場事件（比如有人把事情搞砸了），評價或結果卻可能有所不同。你可以把它當作值得利用的大好機會，也可以屈服於憤怒或恐懼。

就算你的心智告訴你某件事情很可怕、很邪惡、不在計畫範圍內或有其他負面的想法，也不代表你就得同意。就算別人說某件事不可能辦到、很瘋狂或無法挽救，也不代表真是如此。我們可以自行決定要對自己講出怎樣的故事，甚至要講或不講都可以自己選擇。

這就是認知的力量。認知的力量適用於所有的情境，而且無法被阻擋，只能被「放棄」。而決定權就操之在你自己。

鎮定心神

人所需要的不是勇氣，而是鎮定心神、保持冷靜。這只有靠練習才能辦到。

——老羅斯福總統

某天，知名南北戰爭紀實攝影師布雷迪（Mathew Brady）為格蘭特將軍拍攝肖像時，攝影棚內十分昏暗，布雷迪就請助手爬上屋頂，把天窗打開。這個時候，助手不慎滑倒，把窗戶給打破了。在場的人驚慌失措地看著窗戶碎成兩英吋長的玻璃碎片，如匕首般自天花板砸到格蘭特將軍的身旁，每一片碎片都有致命的可能。

等最後一片玻璃落地後，布雷迪便趕緊上前查看，發現格蘭特將軍紋風不動地待在原地，毫髮無傷。格蘭特將軍抬頭瞥了一眼天花板的大洞，然後看向鏡頭，一副什麼事也沒發生似的。

在陸路戰役（Overland Campaign）期間，正當格蘭特將軍用望遠鏡勘查場景的時候，敵軍突然丟來一枚砲彈，炸死了他身旁的一匹馬。但格蘭特將軍的目光卻始終集中於前方，緊貼著望遠鏡。

還有另一個故事，是關於格蘭特將軍在里奇蒙附近的城鎮設立聯邦總部時的事情。正當部隊從蒸汽船卸貨時，忽然發生爆炸，所有人都立刻臥倒，除了格蘭特將軍以外。有人看著他朝向爆炸現場衝去，完全無視從天而降的碎片、彈殼甚至屍塊。

這就是一個能把自己穩定住的人該有的樣子，這就是無論在何種情況下都能克盡職守的人該有的樣子。一個人得要有足夠的膽識才辦得到。

然而我們呢？在生活中，似乎處處都會被人挑動敏感神經。商場上強敵環伺、意想不到的情況冒出頭、得力的員工突然辭職、電腦系統負荷不了我們施加的工作量。我們被迫走出舒適圈、老闆把所有工作都一股腦兒地丟向我們。一切都朝著我們炸開和墜落，直到最後，終於感覺自己無法再承受更多。

我們到底該怎麼辦？是要直視問題？還是置之不理？是要眨眨眼，然後重新屏氣凝神、加倍努力，還是被搞到心神不寧，得靠藥物來舒緩糟糕的感受？

上述都還只是無意間發生的事情。別忘了，總有人會有意地攻擊你、恫嚇你、騷擾你、在你獲取所有事實以前就逼你做出決定。他們要你按照他們的角度，而不是按照你自己的角度思考和行動。所以問題只在於，你要不要讓他們得逞？

當我們設下的目標太高時，壓力往往隨之而來。壞事接連發生，讓我們驚恐、備受威脅、措手不及。出其不意的情況（通常都不是什麼好事）幾乎肯定會出現，等著我們的是令人招架不住的高風險。

在這些情況下，才智並不是最吃香的特質，優雅和沉著才是；在你有機會運用其他技能之前，必須先擁有這兩種特質。英國首相邱吉爾的遠祖——第一代馬爾博羅公爵擁有非凡的軍事成功，法國思想家伏爾泰對於他成功的祕訣如此解釋：「騷亂中仍有波瀾不驚的勇氣，危難中仍有祥和安謐的靈魂，英國人稱之為冷靜的頭腦」，而這正是我們該有的態度。

無論我們遭遇的危機實際上有多大，壓力都會激發出「恐懼」的本能反應。可別以為優雅、沉著和靜謐只不過是貴族才有的柔性特質。膽識說到底，是跟反抗與自制有關，比如：我拒絕承認那件事、我不接受威脅、我才不要宣告失敗。但膽識其實也跟接受有關，例如：好吧，我想這些是該由我來承擔。我可沒那閒功夫心神不寧，或是在腦海裡重播失誤的情景。我太忙了，有太多人需要依靠我。

我們永遠都會有對策、永遠會有一條出路。在這個原則之下，反抗跟接受是可以結合在一起的，所以沒有必要讓自己變得焦慮不安。當然了，沒人說這很容易，而且風險也很高，但總會有一條路鋪設給已經準備好接受挑戰的人。即便知道過程會很艱難，甚至很可怕，但這就是我們應該做的。我們要做足準備，秉持冷靜而認真的態度，絕不被嚇跑。

我們對現實情況必須有所準備，鎮定心神，才能全力以赴。鍛鍊自我，在壞事發生時能夠擺脫並繼續前進，直視前方，彷彿什麼事都沒發生。這麼做是因為，我所說的都是事實，跟你此刻所明瞭的一樣。假如你能保持鎮靜、發揮膽識，那就不會有任何一件壞事是真的有「發生」。我們的認知能夠讓壞事變得微不足道。

控制情緒

想擁有偉大的帝國嗎？先管理好你自己吧。

——古羅馬作家普布里烏斯．西魯斯（Publius Syrus）

美國派遣第一批人類上太空時，他們特別著重培訓的一項技能就是「不恐慌」的藝術。

人一旦恐慌，就會出錯——他們會無視體制、忽略程序、不顧規則、偏離計畫、反應遲鈍、思路不清；該反應的事情沒有反應，卻為了血管內流動的求生賀爾蒙做出慣性反應。

這就是地球上大多數問題的根源。原本一切都按計畫行事，然後突然出了問題，人首先做的就是情緒崩潰，接著就把原先的計畫拋諸腦後。有些人只會縱容自己發洩情緒，因為這麼做比面對困難來得輕鬆多了。

然而，在一艘離地球一百五十英里遠、比一台汽車還小的太空艙裡，這樣做就只是找死而已。恐慌等同於自殺，所以要訓練太空人不恐慌，但這一點都不容易。

在初次發射升空之前，美國太空總署會一而再、再而三地為太空人模擬那決定性的一天，從「早餐要吃什麼」到「乘車前往發射場」，都鉅細靡遺地進行數百次的模擬。慢慢地，在一連串分階段的「情境曝光」練習之後，這些太空人能逐漸熟悉太空船發射升空時，所有視覺及聽覺的環節。因為已經練習了太多次，這些體驗變成像呼吸一樣自然與熟悉。除了發射本身之外，大凡能練習的，他們都會從頭到尾反覆練習，以確保自己能夠處理每一個變數，排除一切不確定性。

不確定性和恐懼，可以透過權威來減輕，而訓練就是權威，它是一種釋放閥。藉由充分曝光在情境中的練習，便能適應因不熟悉而生的恐懼，不管是稀鬆平常還是根深蒂固的恐懼都能獲得舒緩。幸運的是，降低陌生感的方法並不難（雖然還是要花不少功夫），這使得我們可以增加對壓力與不確定性的容忍度。

約翰・葛倫是第一位環繞地球的美國太空人，他能在太空中度過將近一天的時間，心率卻仍能保持在每分鐘一百以下。他不只能控制駕駛台，還能控制自己的情緒。透過適當的訓練，他培養出了良好素質，正如後來美國新聞作家湯姆・沃爾夫（Tom Wolfe）所稱的「真材實料」。

而你呢？光是跟客戶或路人起了點小衝突，心臟就要從胸口爆出來；被要求在群眾面前演講，胃部就糾成一團。此刻的你應該已經了解到，這些情緒都是奢侈，是對較低層次自我的一種放縱。在外太空，情緒的節制與否就是生與死的差別。按鈕按錯、把儀表板讀錯、太早啟動某個程序……想成功執行阿波羅任務，絕不容許出現這些錯誤，否則後果難以想像。

因此，對太空人而言，關鍵不在於駕駛技術有多麼優秀，而在於你能否保持平和穩定？你能否克制住恐慌的衝動，專注於可以改變的事情，把注意力集中在手頭上的任務？

這跟我們的人生其實並無不同。障礙會讓我們情緒激動，但若要生存或克服難關，唯一的辦法就是保持情緒的平衡。無論發生什麼事情，無論外部事件如何波動，都要保持鎮定。希臘人形容這種狀態為「了無偏情」，這是一種平靜沉著的素質，不受非理性和極端情緒干擾。這並不是說要你完全失去感受，而是排除有害的、無益的情感。不要受負面情緒影響，也不要讓這種情緒萌芽。你可以對這些情緒說：「不，謝啦，我承擔不了恐慌的後果。」

你所需要培養的技能，就是保持冷靜，擺脫擾亂和不安，如此一來，你就能專注於解決問題，而不是做出慣性反應。例如：老闆寄來一封急需處理的電子郵件、在酒吧裡碰上一個混蛋、銀行來電說你的融資被取消了、有人敲門告知意外發生……

正如億萬富翁蓋文．德．貝克在《恐懼，是保護你的天賦》一書中提到的：「當你惴惴不安時，問問自己：『此刻，我選擇忽視什麼？』假如你選擇焦慮，而不是自省、警覺或智慧，你會因此錯失什麼？」或許也可以換另一種說法：「心煩意亂能為你帶來更多的選擇嗎？」有時候可能可以，但在上述的情況下呢？我想是沒辦法的。

那麼，我們可以肯定地說，如果某種情緒無法改善你正在應付的狀況或情境，這就很可能是一種無益的情緒，或者也可以說，是一種具有破壞性的情緒。

但這就是我的感受啊！是的，沒人說你不能有任何感受，沒人說你不能哭。別管什麼「男子氣概」了。需要哭一下的時候，就儘管去吧。真正的力量在於「自制」，如同《黑天鵝效應》的作者塔雷伯教授所說的，要把情感馴服，而不是假裝它們不存在。

所以，好好地感受自己的情緒吧。只是不要欺騙自己，把因問題而生的誇大情緒與處理問題混為一談，因為這兩者就跟睡覺及醒來一樣截然不同。你可以時時提醒自己：「我能掌控局面，而不是任由情緒掌控我。我能看得見實際上正在發生什麼事，也不想為此變得激動不安或心煩意亂。」

我們要用邏輯思考來戰勝情緒，或者說你至少該有這個概念。邏輯思考可以是發問跟陳述，而發問與陳述如果做得夠多，就有機會找到事情發生的根本原因，如此一來就比較容易處理，比如：

我們虧錢了。

但虧錢不就是商場上很普遍的現象嗎？

是沒錯。

損失有大到變成一場災難嗎？

那倒是沒有。

所以，出這些狀況也並不意外，不是嗎？情況應該也沒那麼糟吧！既然是難免會發生的事情，又何必生這麼大的氣呢？

嗯……呃……這個嘛……

不僅如此，你還處理過比這更糟的情況。不覺得多運用一些智慧與謀略，會比勃然發怒來得有幫助嗎？試著和自己這樣對話，看看那些極端情緒還能堅持多久。相信我，不會持續太久的。畢竟，你也不會因為這樣就失去性命。

每當你的焦慮開始浮現時，不妨一再地告訴自己：我不會這樣就沒命、我不會這樣就沒命、我不會這樣就沒命。或者自問奧理略皇帝的問題：「你所發生的這件事情，是否會阻礙你以公正、慷慨、自制、理智、謹慎、誠實、謙遜、直率的方式行事？」

不會。那就回去繼續幹活吧。

我們必須在潛意識中，不斷詢問自己這個問題：「我需要對這件事大驚小怪嗎？」而答案肯定會像太空人、軍人、醫師及任何的專業人士回答的那樣：「不需要，因為我已經為這個情境做了足夠的練習，我有辦法控制我自己。」或者這麼回答：「不需要，因為我可以自我覺察，我知道那樣做沒有任何建設性。」

練習客觀地看待事物

莫讓最先出現的意念把你震倒，只需對它說：
「等等，讓我看看你是誰，你代表著什麼。我會來測試你。」
——古羅馬斯多葛主義哲學家愛比克泰德

「有件事發生了，而且是件壞事」，這句話實際上是由兩個意念組成的。第一個是「有件事發生了」，這是客觀的；另一個則是「而且是件壞事」，這是主觀的。

十六世紀日本劍豪宮本武藏在沒有持劍的情況下，仍能戰勝可怕的對手，贏得無數次決鬥；無論是單挑或多人圍攻，都打不倒他。在《五輪書》

中，他提到觀察和感知的不同。他寫道：「感知之眼是脆弱的，而觀察之眼是強大的。」

宮本武藏知道，觀察之眼所看到的是事物本有的樣子，而感知之眼看到的是比事物本身更複雜的東西。觀察之眼看到的是事件本身，不受干擾、誇大和誤解影響，而感知之眼看到的卻是「無法克服的障礙」或「重大的挫折」，抑或是只看得到「問題」，進而把問題本身帶進決鬥之中。前者對我們有幫助，後者則否。

用尼采的話來說，有時候用第一眼看到的表象來理解事物，反而是最有用的方法。

在我們的生活中，有多少問題是來自於我們為自己無法掌控的事情妄下論斷，彷彿這些事就該是我們論斷的那樣？我們有多常認定某個事物就是我們想的那樣，或者認定它應該要怎樣，卻反而忽略了其本有的面貌？

我們可以利用觀察之眼，鎮定自己的心神、抑制自我情緒，然後看到事物的真實樣貌。

感知是問題所在。在一些需要全神貫注的時刻，比如：一劍刺過來、至關緊要的商業談判、得到機會、靈光一閃或有其他重要事情的時候，感知會讓我們接收到不必要的「資訊」，干擾我們的思考。我們的動物腦會發揮一切力量，去壓縮意念與感知之間的空間。思考、感知跟行動，都只在毫秒間而已。一頭鹿的大腦會因為知道情況不妙而教牠趕快衝，但這麼一衝，有時候就會剛好衝進車陣裡。

我們可以質疑或否定那種衝動，自行操控動作的開關，在行動之前先檢視威脅。但這麼做需要力量，就好比需要鍛鍊的肌肉，必須透過拉緊、抬舉和抓握來練成。這就是為什麼宮本武藏和大多數武術修行者，都會專注於心理訓練和身體訓練，將兩者看作同等重要，並且積極地鍛鍊與練習。

在斯多葛主義的著作中，有一種練習稱作「輕蔑的表情」。斯多葛主義者把輕蔑當作一種手段，目的是要看穿事物的原本樣貌，藉此「揭開外在的層層包裝」。

愛比克泰德告訴他的學生，當他們要引用某位偉大的思想家的話語時，可以想像自己正在觀察那個人從事性行為。這其實很有趣，下次若有人威嚇你或讓你感到不安時，不妨試試看。你可以在腦海中想像他們在私生活中嘶吼、呻吟、笨拙的樣子，就跟我們其他人沒什麼兩樣。

奧理略還有另一個版本的練習，他會用直白的語句去形容迷人華貴的事物，例如「烤肉是死亡的動物」或「美酒是陳年的發酵葡萄」。這麼做的目的，是要看到這些事物的真實本質，不帶有一絲修飾。

碰上任何阻礙我們前進的人事物，我們都可以做這樣的練習。看起來意義重大的升遷，實際上意味著什麼？那些愛批評又愛唱反調、使我們感到渺小的人，就把他們放回該有的位置吧。若是能看到事物的本來樣貌，而不是我們心中建構的樣子，一切就會好得多。

「客觀」的意思是，要從複雜的影響因素中刪除「你」這個主觀的部分。試著想想，當我們給別人提供建議時，會發生什麼事？我們對他人的問題總是一目了然，解決的方法顯而易見，但我們處理自身問題時卻常常帶有包袱。處理他人的問題時就沒有這個狀況，因為我們往往能以客觀的角度看待別人的問題。幫朋友解決疑難時，都能輕易接受事物的表象，但在生活中遇上自己的問題時，卻總是自我中心且愚蠢無比地，將可憐兮兮、受害者的感覺和怨聲載道留給自己。

你可以試著以自身情境去假設，想像壞事沒有發生在你身上，假裝這件事不重要，無關痛癢。一旦你知道該怎麼做，事情是不是就簡單多了呢？你是不是就能更迅速、更冷靜地去評估情節的輕重以及可行的做法了呢？這麼一來，你就可以用比較平淡、鎮定的心情去面對它。

想想一個人在解決特定問題的時候，可能使用到的各種方式，要認真地去想。你要做的是釐清現狀，而不是自我同情；想要自憐的話，以後還多的是機會。你可以反覆地做這種練習。愈是嘗試，就愈能得心應手。愈是可以熟練地看穿事物的本質，認知就對你愈有用，而不是反過來阻礙你。

改變觀點

人不僅是存在而已，還會決定自己的存在代表什麼、下一刻要變成什麼。正因如此，人得以擁有在任何一瞬改變自我的自由。

——集中營倖存者，奧地利神經學家維克多．弗蘭克

有一次，雅典將軍伯里克里斯（Pericles）在伯羅奔尼撒戰爭中，準備出發執行海上任務。就在那一刻，恰好發生日食，天色一片昏暗，一百五十艘船隻組成的艦隊頓時籠罩在黑暗之中，士兵也因為突如其來的古怪情景而陷入恐慌。

但伯里克里斯與這些船員不同，他毫不畏懼地走到舵手面前，脫下身上

的斗篷，罩在舵手的臉上，並問他會不會害怕眼前所見。對方回答：「當然不會！」這時，伯里克里斯如此回應：「那麼，就算造成黑暗的原因不同，又有什麼關係呢？」

希臘人很聰明。在他這句譏誚的話語背後，蘊含的不僅是斯多葛哲學，同時也是認知心理學的基本概念：「觀點就是一切。」也就是說，當你可以把某事拆分開來，或是從新的角度看待它時，它對你的影響力也會跟著消失。

恐懼往往使人疲弱、注意力分散，而且通常都不太理性。但伯里克里斯不僅完全理解這一點，還懂得用認知的力量去擊垮它。

希臘人知道，人常會對單純的事情作出不祥的解釋，因而造成損害。我們會對障礙感到恐懼，是因為認知本身是有問題的，這時候只要稍稍扭轉一下看法，我們的反應就能澈底改變。正如伯里克里斯所做的，我們的任務不是要忽視恐懼，而是對其做出合理的解釋。當恐懼席捲而來時，你必須把害怕的事物進行拆解。

記住，要如何看待事物，是自己的選擇。情境本身是確定的，我們沒辦法改變障礙的本質，但我們可以透過正確的觀點去理解情境，運用這份力量去改變障礙所呈現的樣貌。面對困難時，我們用了什麼方法、採取怎樣的觀點、如何理解障礙發生的背景，還有這件事對我們而言有什麼意義，在在都會決定克服障礙的艱難程度。

是否要在某個事件中加上「我」這個字，你可以自行決定，例如：我討厭公開演講、我完蛋了、這件事情傷害到我。但這麼做就等於平添了一項元素，那就是「你」與「障礙」之間的關係，而不單單只有障礙本身。一旦觀點出現錯誤，我們就很容易為了一點小事困乏無力。既然如此，又何苦讓自己落入這樣的陷阱呢？

看事情的角度若是正確，就能神奇地把障礙和逆境變得微不足道。但是不知何故，我們都傾向以個人角度看待事物，譬如為了一次交易告吹或錯過一次會面，就自責不已。從個人的角度來看，這些事情確實很糟，因為機會沒了就是沒了。但就上述的例子而言，我們忽略了一項事實；正如億萬富翁、連續創業家理查·布蘭森喜歡說的那樣：「商機就像公車，一班過去，總還有下一班過來。」我們的一生中，一次會面不過是一次會面，一次交易也不過是一次交易，真的都算不了什麼。而且事實上，我們搞不好還因此逃過一場災難哩！

下次的機會說不定會更好。

我們看待世界的方式，會改變我們對事物的看法。仔細想想，我們的觀點真的能帶給我們未來的展望嗎？又或者只是在給自己找麻煩而已呢？這是我們必須認真思考的。

我們可以做的是，靈活地運用收斂與開展的思維方式，用最冷靜的態度、做最足夠的準備去應付手上的工作。你可以把這個做法看成是針對自己的需求，揀選適當的解釋方式，為的不是欺騙他人，而是為自己找到方向。這麼做是真的有幫助的！只要心態稍作調整，就能改變原先看似不可能的任務。本來覺得自己很脆弱，忽然之間就意識到自己其實很強大。有了正確的觀點，我們便可以發現過去未知的優勢。

觀點有兩種解釋框架。其一是「脈絡」，意指對世界有更寬廣的感受，而不是僅限於眼前的事物；其二是「架構」，指的是個人看待世界的獨到方法，也就是詮釋事件的方式。這兩者都很重要，都能有效改變原本讓人望而生畏或極其艱難的處境。

演員喬治．克隆尼在好萊塢發展的前幾年，參加試鏡時經常被淘汰。他希望得到製作人和導演的青睞，結果卻不如預期，導致他非常受傷、失望。明明自己表現很出色，卻沒有人看見，於是他就把錯怪罪到整個體系。

他的這種觀點，聽起來應該很熟悉吧？不管是求職面試、向客戶推銷產品，或在咖啡廳裡搭訕有興趣的對象，我們都經常會陷入這種誤區，在潛意識中屈服於作家兼企業家賽斯．高汀所稱的「只等著被人挑選」的處境，而不是貢獻一己之長。

喬治．克隆尼在嘗試用新觀點來看待事情之後，一切都改變了。他發現對於製作人來說，選角其實也是一大難題，他們都滿心期望下一個走進試鏡間的人，就會是對的人，而他們必須努力找到這個人。試鏡這個機會，為的是要解決製作人的問題，而不是他自己的。

從這個新的認知角度來看，喬治．克隆尼本人就是解決之道。他不想成為一個為了機會卑躬屈膝的人，而是想成為一個真材實料、擁有特殊才能的人。是別人有求於他，而不是他求人。也就是從那時候開始，他不僅在試鏡時展現自己的演技，還充分表現出自己就是這份工作的最佳人選。他知道導演和製作人想要從特定角色裡看到什麼，而他也非常敬業，無論在前期製作、拍攝還是宣傳期間，都能扮演好這個角色。

正確的觀點與錯誤的觀點之間的差異，是決定一切的關鍵。你該如何詮釋生活中的各種事件呢？認知是一種框架，可以決定我們將來對一場事件的所有回應；你可以決定要不要回應，又或者只是躺平在那裡，打算對一切概括承受。

頭往哪兒走，身體就跟著去。認知是走在行動之前，而正確的觀點會帶來正確的行動。

分辨哪些事能由我們決定

我們人生中的首要任務，就是把事情區分成兩個部分：一是外部因素，這部分是我們無法掌控的；二是自己的選擇，這部分是我們可以掌控的。能不能掌控一件事，是要從哪兒去區辨呢？從我們的內心，以及我們的選擇。

——古羅馬哲學家愛比克泰德

湯米．約翰是棒球史上最資深、最堅韌的投手之一，他在大聯盟投了二十六個球季！真是不可思議。七次世界大賽冠軍得主的洋基隊大將米奇．曼托，以及打破大聯盟單季最多全壘打紀錄的馬克．麥奎爾，都曾經接過他的球。

約翰確實擁有非凡的成就，但他能有這樣的成就，是因為他非常善於問以下的問題：「這裡還有機會嗎？我做得到嗎？我還能做些什麼？」他會這樣問自己、問他人，而且用不同的形式反覆發問。

無論機會多麼渺茫、多麼不可企及，只要答案是肯定的，他都會牢牢地把握住，並且充分利用，把自己的每一分心力都放在實現這個機會上。如果靠努力就能影響結果，那麼他寧願在球場上拚盡全力，也不要浪費那個機會。

一九七四年球季中期，發生了一場意外，約翰投球的那隻手肘受傷，是尺骨附屬韌帶的永久性損傷。這種傷害稱作「死臂」，以當時的棒球及運動醫療史來看，對於一名投手而言，這代表著職業生涯提前終結，比賽結束。

但約翰不願接受這個事實。他還有沒有機會回到投手丘上呢？答案是，有。醫師建議他動一種實驗性手術，方法是用另一隻手臂的肌腱替換掉傷臂的韌帶。約翰問道：「手術過後，我能返回球場的機率是多少？」醫師回答：「百分之一。」「不動手術呢？」「那你就沒機會了。」

其實約翰是可以選擇退休的，但既然還有機會，他就不想放過。透過復健和訓練，他掌握住了那百分之一的機會，而且還在接下來的十三個球季裡，拿下一百六十四場勝投。這種手術後來還以他的名字聞名，稱作「湯米．約翰手術」。

動完手術之後，不出十年，約翰又在下一場事件中，展現了把握機會的精神。某天，他年幼的兒子從三樓高的窗戶驚險摔下，一度命危。送往急診室時，場面一片混亂，醫師宣告孩子可能活不了。但即使在這種狀態下，約翰仍舊告訴家人，無論要花一年還是十年的時間，他們都不能放棄，直到真的無能為力為止。最終，他的兒子完全康復了。

對約翰來說，他的棒球生涯看似要在一九八八年劃下句點。當時他以四十五歲之齡，在賽季結束後遭洋基隊釋出。這次，他依然不願接受事實，打電話給教練，質問說如果他在下個春訓以自由球員的身分參加，能否再給他一次上場的機會？對方回答，他都這個年紀了，實在不該再打棒球。約翰又問了一次：「你就老老實實地告訴我，如果我去了，要不要讓我上場？」教練答道：「好吧，你來了就讓你打吧。」

於是，約翰成了第一位去春訓報到的球員。他每天自我訓練好幾個小時，再加上把打了二十五年球賽的經驗發揮出來，最後終於入選球隊，成為整場賽事中年紀最大的球員。他擔任球季揭幕賽的先發投手並拿下勝投──在這場明尼蘇達的客場比賽中，他投出七局只丟兩分的佳績。

約翰只要能逮到機會，就會投入百分之百的努力。他曾經告訴教練，寧可自己死在球場上，也不願放棄。他知道，身為一名職業運動員，他的職責就是要去區分「不太可能」和「不可能」之間的差異。正因為分辨得出這微小的區別，才成就了這般豐功偉業。

為了掌握分辨的力量，復原中的戒癮者會誦讀〈寧靜禱文〉（寫於二戰時期，被匿名戒酒會引用作為戒癮的十二個步驟之一）：

> 神啊！求祢賜予我平靜的心，去接受不能改變的事；賜予我勇氣，去改變我能改變的事；賜予我智慧，去分辨這兩者的不同。

那些百折不撓的人就是靠著這樣的方法，專注在自己的努力上。不管你是家庭背景惡劣，還是失去一切，一旦你不再去理會這些既定的事實，成功戒癮就會容易得多。過去的事已然過去，對於已經發生的事，你能改變的機率是零；但如果把注意力放在可以改變的事呢？你就能獲得創造改變的契機。

〈寧靜禱文〉的背後，其實是源自於有兩千年歷史的斯多葛格言：「有些事可以由我們決定，有些事不能。」那麼，有哪些事是可以由我們決定的呢？

- 我們的情緒
- 我們的判斷
- 我們的創造力
- 我們的態度
- 我們的觀點
- 我們的渴望
- 我們的決定
- 我們的決心

你可以想像這是我們的球場，在這個場上，一切都是公平競爭的。那麼，又有哪些是不能由我們決定的呢？你也知道，大凡上述列舉外的一切，都不能由我們決定，比如：天氣、經濟、大環境、他人的情緒或論斷、現實的趨勢、災難等等。

假設可以由我們決定的部分就是賽場，那麼不能由我們決定的部分，就是比賽的規則和球場的條件。贏家會盡一切力量把握能決定的部分，而不會花時間去爭論不能決定的部分（因為沒有意義）。要不要爭執、抱怨甚至自暴自棄，這都是自己的選擇，但這些選擇往往無助於我們完成比賽、達到目標。

我們在認知方面，最關鍵的一件事，就是區分哪些事情我們有能力改變，哪些則否。這中間的差異便決定了一個人能取得非凡成就，還是連保持清醒都有困難。只要有分辨的能力，那麼我們非但不會陷入嗑藥或酗酒的深淵，還能避開所有的成癮問題。

我們會落入的最大陷阱，就是某件事明明無法改變，我們卻自以為可以改變。某人決定不投資你的公司，這不在你的控制範圍內。但要不要提升或改進你的提案？這是你可以控制的。某人竊取你的點子，或是比你搶先一步把想法實現，這是你能改變的嗎？不是。但把這個點子改頭換面、精益求精，或是為自己爭取權益呢？這就在你的控制範圍內了。

專注於有能力改變的事情，會使我們的力量變得更強大。但是將所有能量都投注到我們實際上無法影響的事情，是一種浪費，是自我放縱和自我毀滅。很多屬於我們自己和他人的力量，都會因為這愚蠢的舉措而平白浪費掉。

要不要將障礙視為挑戰，並且充分地利用它，這也是一種選擇——是可以由我們自己決定的選擇。

教練，我還有機會嗎？

這是我能決定的嗎？

活在當下

綜觀全局的訣竅，就是不要近距離觀察一切。

——美國小說家，《鬥陣俱樂部》作者恰克·帕拉尼克

請花點時間看看下列這份清單，這些都是在經濟蕭條或金融危機期間創立的企業。

- 《財星》雜誌：一九二九年股市崩盤後的九十天創立
- 聯邦快遞：一九七三年石油危機期間創立
- 聯合包裹（UPS）：一九〇七年金融恐慌期間創立

● 華特迪士尼公司：在順利營運了十一個月之後，第十二個月遇上一九二九年的股市崩盤
● 惠普公司：經濟大蕭條時期，一九三五年創立
● 嘉信理財集團：創立於一九七四年至一九七五年的股市崩盤時期
● 標準石油公司：洛克菲勒收購了合夥人的公司，並在內戰的最後一年，也就是一八六五年二月，接管標準石油
● 酷爾斯啤酒廠：一八七三年經濟蕭條期間創立
● 好市多賣場：一九七〇年代末的經濟衰退時期創立
● 露華濃彩妝公司：經濟大蕭條時期，一九三二年創立
● 通用汽車：一九〇七年金融恐慌期間創立
● 寶僑日用品公司：一八三七年經濟恐慌時期創立
● 聯合航空公司：股市崩盤期間，一九二九年創立
● 微軟公司：一九七三至一九七五年的經濟衰退期間創立
● 領英網路社群公司：網路泡沫之後，二〇〇二年創立

這些企業大多很少注意到，自己正處於歷史性的經濟蕭條時期。怎麼會這樣呢？因為創辦人太忙於活在當下了。他們只想顧好眼前的情況，該怎樣就怎樣，反倒不會去管事情將變得更好還是更糟。他們心中有想做的事，腦中有偉大的想法，手中有可以銷售出去的產品。不光是忙這些，他們還得負擔員工的薪資呢。

但是在生活中，我們往往不願面對事件的發生，只會鑽牛角尖在每件事情的「意義」、到底「公不公平」、背後發生的「原因」，以及納悶其他人都在做些什麼、自忖為何沒有足夠的精力去處理問題。顧慮太多，搞得自己緊張兮兮、提心吊膽。如果一開始就埋首做事，事情可能老早就完成了。

我們聽過的商業世界的故事，其實混雜了許多迷思與謬誤。有趣的是，有時候我們會過度關注個人的成就，反而忽略了故事的真相。事實是，《財星》美國五百強中，有高達一半的公司是在股市下跌或經濟衰退期間設立的。

重點是，多數人都是從劣勢中起步。雖然他們通常都沒意識到自己處在這種狀況，卻也能安然度過。這是很普遍的現象，沒有什麼不公平。他們每天做該做的事，這才是倖存者最真實的祕訣。

專注在當下，而不是去注意可能會、也可能不會出現在前方的巨獸。

企業必須把周遭環境帶來的經營限制，視為既定事實，在夾縫中求生存。擁有創業精神的人就如動物般，很幸運地，沒有時間和能力去思考、去期望事情該如何發展。

對於人類以外的其他物種來說，一切事物就只是如其所是，不像我們老是想弄清楚事情的意義、為什麼是這個樣子。但弄清楚「為什麼」有很重要嗎？美國思想家愛默生說得好：「我們不能為了解釋，耗費一整天的時間。」不要浪費時間在錯誤的概念上。

現在是最好的時代，還是最壞的時代，這並不重要。同樣地，我們面對的就業市場是強勁還是疲弱、面對的障礙是嚇人還是沉重，也都不重要。重要的是，現在就是現在。

障礙會造成什麼影響，只是一種假設，是一種對過去或未來的假設，但此時此刻，我們正活在當下。我們愈能擁抱當下，就愈有能力去處理或克服障礙。

你可以把自己正在處理的問題當成一次大好機會，幫助你聚焦在當下。

不用去管整體情境如何，事情發生就是發生了，只要學著接受就好。你也不必花費心思去預測未來會怎樣，因為未來沒有一定是怎樣。每分每秒都可以是全新的一刻，不用管之前如何，也不必在乎別人對下一刻有怎樣的期望。

有很多方法可以幫助你回到當下，比如進行劇烈運動、擺脫3C產品、去公園走走、冥想、養一隻狗（牠們會不斷提醒你活在當下有多麼愉快）等等。你會找到最適合你的方法。

有件事情是可以確定的：光只是嘴上說著「好，我要活在當下。」是沒有用的，你必須憑藉**努力**才能做到。心思漂移時，要牢牢把它攫住，不要讓它跑遠。把那些令人分心的想法拋諸腦後；無論你有多麼想做別的事，都該把它擺在一邊，集中精神把眼前的事做好。

但是如果你能選擇將視野限縮一點，事情會比較好辦。做這種選擇比較像是揀選正確的觀點，而不是直接行動。記住，當下這一刻並不代表生命的全部，它就只是人生中的一瞬而已。此刻，專注於眼前的事物，不要再去管它「代表」什麼、它的「意義」為何、「為什麼會發生在你身上」。此刻你該關心的已經夠多了，不用再去為那些無關緊要的事物勞心費神。

不同凡想：你必須想得跟別人不一樣

天才是指能把想法付諸實行的人，除此之外沒有別的定義。
——《大亨小傳》作者史考特．費茲傑羅

許多人說蘋果已故執行長賈伯斯擁有知名的「現實扭曲力場」，藉以形容他那強大的說服他人的功力。這有部分是激勵策略，有部分是純粹的動力和野心，但無論如何，這種力場會讓他對於「辦不到」或「我們需要多一點時間」這類的話，非常不以為然。

賈伯斯早年的時候就已經知道，我們從小在現實生活中被灌輸了各種規則和妥協。但他對於事情有沒有可能辦到，有更激進的想法。對他而言，只要你有足夠的遠見和努力工作的決心，人生中許多事情其實都是可以改變的。

例如，在蘋果早期的產品當中，賈伯斯對於推出新滑鼠抱有很高的期望。在設計階段，他希望滑鼠從各個方向都能滑順地滾動，這對當時的滑鼠來說，可謂全新的突破。但與此同時，團隊裡竟有位設計師對首席工程師說：這是不可能量產的，賈伯斯的想法太不切實際，根本不可能辦到。隔天，首席工程師來上班時，發現賈伯斯已經把講這句話的人給解僱了。取而代之的新員工，上任時的第一句話就是：「我可以把滑鼠的事搞定。」

賈伯斯在工作上，對現實的看法就是如此。他具有高度的可塑性、堅定不移又無比自信。他並不是陷入幻想，而是盡可能去把想法實現。他知道如果把目標放低，等同於只能接受平庸的結果，但如果目標夠高，那麼在一切順利的情況下，就能打造出非凡的成果。他就像拿破崙對士兵高喊的那樣：「阿爾卑斯山根本算不了什麼！」

對多數人來說，要有這樣的自信並不容易，這是可以理解的。身旁有太多人勸我們「要現實一點」、「要保守一點」，甚至更糟糕的「不要打破現狀」。但對於想要做大事的人而言，這些說法其實是相當不利的。儘管我們的疑慮和自我懷疑感覺很真實，但對於能不能辦成一件事，其實影響不大，也顯得多餘。

認知在很大程度上，決定了我們能不能做什麼，更在許多方面決定了現實本身是什麼樣子。如果我們傾向相信自己眼前的是障礙，而不是目標，那麼你說哪一方必然會得勝呢？

舉藝術家為例，他們憑藉著獨特的眼光和聲音，將「藝術」的定義往前推進。當卡拉瓦喬創作出震驚世人的暗色調傑作時，一個新的藝術史分水嶺就此誕生；對藝術家而言，創作的可能性因此有了大幅度的進展。這個道理對任何時代的思想家、作家或畫家都同樣適用。

這就是為什麼我們不該把別人說的話、或是我們對自己說的話太放在心上，因為這樣會讓自己一路往一事無成的方向走去。保持開放、提出質疑，這才是我們應該做的。

我們雖然無法控制現實，但認知卻會對現實產生影響。

在第一台麥金塔電腦準備發貨的前一周，工程師告訴賈伯斯，他們恐怕無法如期交貨。在一場匆忙召開的電話會議上，工程師解釋說，他們只需要再兩周的時間就可以完成。賈伯斯冷靜地告訴工程師，如果他們只需要兩周的時間，那麼一周也絕對可以完成，才差這短短一周，根本差不了什麼。而且更重要的是，他們都已經走到這一步，一路上表現得如此優秀，實在沒有道理不在原訂的一月十六日出貨。於是工程師們齊心協力，最後終於如期完工。賈伯斯的堅定再次激勵了工程師，讓他們超越原以為不可能的事。

現在來想一想，當我們被上級要求在不可能的截止時間交付工作時，通常是怎樣應對的呢？我們會抱怨、生氣、質疑：「他們怎麼可以這樣？這有什麼意義？他們把我當成什麼了？」我們會不想面對、為自己感到遺憾。然而，怨天尤人並不會改變交付期限的客觀現實，只有堅持往前才能改變現狀。雖然賈伯斯的要求實在很不合理、令人不適且難以達到，但他始終不願容忍不相信自己有能力獲致成功的人。

賈伯斯創造的產品，操作非常直覺，有種不可思議的未來感，可謂天才的奇蹟之作，而這些作品往往體現了他堅韌不拔的個人特質。他能跨越別人眼中的艱難限制，創造出截然不同的新作，帶領蘋果推出別人認為不可能製造得出來的產品。事實上，賈伯斯會在一九八五年被迫離職，是因為董事會成員認為公司進軍消費性產品是個「瘋狂的計畫」。當然，事實證明他們都錯了。

賈伯斯之所以能夠抵抗他人脫口而出的批評和反對聲浪，是因為他知道這些意見往往源自於恐懼。他為首批蘋果手機下訂一種特殊材質的玻璃時，製造商對於交貨日期如此緊迫感到吃驚。他們說：「我們沒有這種產能。」賈伯斯回：「別怕，你們一定做得到。花點腦筋好好想一想，你們一定做得到的。」製造商徹夜趕工，把原本的工廠改成特殊玻璃的製造廠，並且在六個月內就為第一批手機生產了足量的玻璃。

賈伯斯的做法，與我們學到的處事態度大相逕庭。人家勸告我們的通常會是「要實際一點」、「多聽取他人意見」、「與人和睦相處」、「要能夠妥協」。嗯，那如果「對方」的想法是錯的呢？如果傳統觀念太過保守呢？抱怨、推託然後放棄——正是這些常見的衝動，阻礙著我們前進。

創業家就是有自信能創造出前所未見的事物的人，他們會把沒人嘗試過的想法，當作是好事一樁。有些人接下不合理的任務時，會用正確的態度，將其視為測試自己的好機會，全力以赴。他們非常清楚贏得勝利有多麼艱難，所以會使出渾身解數來應付。他們之所以會將難關看作是一場機會，是因為在破釜沉舟的情況下，往往能激發出最大的創造力。最棒的點子也會於焉產生，而障礙將照亮新的選擇。

找到良機

優秀的人能為每件事添上自己的色彩，並將發生的一切轉化成對自己有益。

——古羅馬哲學家塞內卡

現代戰爭史上最令人畏懼和震驚的發展之一，就是德國的閃電戰。以前的戰爭是打壕溝戰，這種戰法往往曠日費時，所以在二次大戰期間，德國人開始把機動師集中起來，成為敏捷迅速、隊伍狹長的進攻型部隊，把敵人打個措手不及。

就如長矛的尖端一般，裝甲車部隊勢如破竹，在波蘭、荷蘭、比利時和法國迅速挺進，盟軍抵抗微弱，損傷慘重。大部分情況下，面對戰無不勝、攻無不克的怪物戰隊，對方指揮官只能拱手投降。閃電戰的策略旨在利用敵人的畏懼之心，一看到這翻江倒海的兵力，便潰不成軍。這種策略要能成功，完全仰賴敵方退縮的反應。

這種軍事策略之所以奏效，是因為迎擊的部隊將勢不可當的隊伍視為巨大障礙。這就是同盟國在戰爭期間的多數時候，看待閃電戰的方式。他們只看到它的所向披靡，以及自己的不堪一擊。

盟軍成功登陸諾曼第後沒多久，他們又再度碰上同樣的問題：德軍準備展開一系列的大規模反攻。到底要如何才能阻止他們的攻勢？好不容易付出龐大的代價才搶灘成功，難道又要退回攻下的灘頭嗎？

有位偉大的將領給出了答案。艾森豪將軍走進馬爾他司令部的會議室時，宣佈了一項決定：他再也不想看到軍官們垂頭喪氣、膽顫心驚的樣子了。他下令：「我們應該將當前的情況視作機會，而不是災難。在這個會議桌上，我只想看到愉快的笑臉。」

從洶湧而至的反攻中，艾森豪將軍看到了一直存在於他們眼前的戰略解方：納粹的策略本身，其實就蘊含著自我毀滅。盟軍此時才得以看見障礙內含的機會，而不是只看見障礙對他們的威脅。只要盟軍能照計畫行事而不潰散，這次進攻就能讓五萬多名的德國士兵魯莽地衝進陷阱，巴頓將軍貼切地將之形容為「絞肉機」。

法萊斯包圍戰（Battle of the Falaise Pocket）以及後來的突出部之役（The Battle of the Bulge），原以為這兩場戰役會出現重大挫敗，終結同盟國的進攻勢力，但最終卻迎來盟軍的最大勝利。他們先讓德軍的前線部隊進入，再從翼側包抄，最後再從敵軍後方整個包圍。如此一來，衝鋒陷陣的德國裝甲坦克部隊就變得無用武之地，等同自掘墳墓。這可說是一個教科書等級的範例，告訴你為什麼永遠不要把軍隊的翼側暴露出來，以及最重要的，面對敵人的時候，我們會成功還是失敗，認知扮演了關鍵的角色。

面對障礙能不被擊倒、不感到氣餒或憤怒，這是一回事，只有極少數人才辦得到。但假如你能控制自己的情緒、客觀看待並保持穩定，就有機會邁向下一步。轉變你的心態，不要把焦點放在障礙本身，而是障礙中的機遇。正如兒童文學「小木屋」系列作者蘿拉所言：「只要我們仔細尋找，就會發現每件事都有好的一面。」

遺憾的是，我們並不擅長尋找良機，只會閉緊雙眼，忽視這份恩典。想像一下，假如今天你是艾森豪將軍，看到一大批軍隊衝來，是不是只會覺得自己即將敗北？想著戰爭還要持續多久？還有多少人會因此喪命？

問題的關鍵就在於先入為主的成見。成見總是告訴我們事情會怎樣發展，一旦跟原本想的不一樣，我們就很容易誤以為情勢不利，或是認為尋找替代方案很浪費時間。但事實上，遊戲是公平的，每種狀況都是我們行動的機會。

舉個大家都經歷過的例子：遇上一個慣老闆，宛如置身地獄一般，眼前所見盡是打擊我們的事物，逼得我們不得不退縮。但如果你能將其視為一場機會而不是災難，又會如何呢？

在你覺得自己已經無計可施，寧可離職的時候，當下其實是一個特殊的機會，能夠幫助你成長和改進。你可以利用這個特殊的機會，嘗試不同的解決方案和策略，或是接下新的計畫案來增強自己的技能。當你正在填寫履歷、想要謀求更好的工作機會時，不妨好好研究一下那位慣老闆，看能從他身上學到些什麼。你可以為下一份工作做好準備，嘗試新的溝通方式，或是學著為自己爭取權益。一切的一切，都是在「準備離職」的這張完美的安全網下進行。

有了全新的態度和大無畏的精神，那麼，誰知道呢？搞不好你會爭取到對方的讓步，然後發現自己還是喜歡這份工作的。等到哪天老闆犯了錯，你就能採取行動，出奇制勝。這總比只會埋天怨地、詆毀他人、表裡不一、唯唯諾諾好得多了。

或者，我們也可以拿工作上的長期競爭對手為例。雖然他們讓你非常傷神，但其實也會為你帶來以下好處：

- 讓你保持警覺
- 增加你致勝的籌碼
- 激勵你去證明他們是錯誤的
- 使你變得更堅強
- 讓你更珍惜真正的朋友
- 提供負面教材，讓你知道自己不想成為怎樣的人又或是碰上其他的情況，比如電腦故障，害你輸入的資料全部消失？那就再做一次，你會做得比上一次更加地好。發現商業決策的結果是一場失誤？好吧，那表示你的假設後來證明是錯的，這有什麼好氣的呢？假如今天你是個科學家，就不會為這種失誤惱火，因為它反而會幫助到你，讓你知道下次不要再賭那麼大。而且現在你還會學到兩件事：你的直覺有誤，以及發現自己太偏好冒險了。

恩典與負擔，這兩者並不是互斥的，情況其實要複雜得多。蘇格拉底有個苛刻、嘮叨的妻子，他總是說和她結婚、共同相處，是修練哲學的好機會。如果可以，我們當然會想辦法避免負面的事情發生，但假如你當下極力想避免的不幸，實際上能為你開啟人生的下一階段呢？

最近，運動心理學家對遭遇逆境或受重傷的運動精英，進行了一項研究。一開始，這些運動員都覺得自己孤立無援，情緒大受影響，對自己的運動能力也產生懷疑。但後來他們又表示，自己開始有幫助他人的念頭，有不一樣的觀點，對自己的實力也更了解了。也就是說，他們在受傷期間感受到的每一分恐懼和疑慮，都在運動領域上轉化成更強大的能力。

這是件相當美妙的事，心理學家稱之為「逆境中的成長」或「創傷後成長」。尼采說的「凡殺不死我的，必使我更強大」，不是陳腔濫調，而是事實。與障礙的奮鬥，必然可以把戰士的能力推向更高的水準，而掙扎的程度則決定了成長的幅度。障礙是一種優勢，而不是劣勢。任何阻礙我們看到這一點的認知，都是我們的敵人。我們談論過的所有策略中，你永遠都可以把這種觀點拿來使用：「以穿透的眼光忽視外包裝，只去看其中的恩典。」只要用這種視角來看待，你就能翻轉所有的事情。

我們也可以全程與障礙對抗，但結果都一樣，障礙仍舊存在，只不過傷害會減輕一點。好處依然存在於表面之下，又有誰會傻到不去拿好處呢？

現在就好好去感謝那些讓人迴避或退縮的事物吧。當有人對我們無禮或不敬時，表示他們低估我們，這對我們而言是很大的優勢。當他人暗算我們時，我們可以拿他們殺雞儆猴，而不用感到抱歉。當能力受人批評或質疑時，我們可以這樣想：對我評價太低，我反而容易超越他們。遇到其他人太懶散時，反而更能彰顯我們的成就有多麼令人敬佩。

也許你會驚訝地發現，上述這些狀況都是很好的起跑點，某些情況甚至比你期望的一帆風順來得更好。如果人家都對你很有禮貌、或是手下留情，你覺得你還能從中獲得什麼好處呢？在引發立即性負面反應的行為背後，潛藏著機會，我們可以抓住那些顯現的好處，並且藉機採取行動。

每一次看起來不利的情況，都像是個外包裝醜陋、令人反感的禮物，也許你會急著想擺脫它，但事實上，你更應該好好專注在這個禮物上。因為在那樣的外包裝底下，有我們真正需要的東西，它們通常都非常有價值，而且對我們極其有利。

我在這裡講的，不是要你接受像「半滿杯子式」的陳腔濫調，彷彿只能一味保持樂觀似的。（譯註：傳統上認為，同樣是半杯水，樂觀主義者會看到半滿，悲觀主義者會看到半空）我是要顛覆你的思考，讓你看透負面的本質，越過其陰暗面，最終達到必然的結果，也就是積極的那一面。

準備行動

我們當如猛虎般行動；蓄勢待發，血脈賁張。

——英國戲劇家莎士比亞

問題很少像我們想的那麼糟，或者更確切地說，我們想得有多糟，問題就有多糟。只要你能了解到，最糟糕的永遠不是事件本身，而是事件的發生加上失去理智，那麼就等於向前邁進一大步了。因為這種情況下，就有兩個問題產生，而其中一個是不必要且倒果為因的。

一旦你能看清世界的真實樣貌，如其所是，那麼接下來你所需要做的，就是採取行動。像是客觀、理性、具有雄心和思考透徹等等，這些正確的認知可以把障礙獨立出來並揭露其本質。清晰的頭腦將使雙手更加穩定可靠，而下一步就是要挽起衣袖開始工作，充分去利用你的雙手。

生活中處處都需要預先做假設，處處都需要權衡輕重。這並不是要你戴上玫瑰色眼鏡看世界，也沒人教你要當個崇高的失敗者或烈士。但無論如何，即便你已充分了解障礙的負面性和真實性，都還是應該要採取行動，這才是所謂的魄力。你會下定決心克服所有困難，並不是因為你是個喜歡挑戰難關的賭徒，而是因為你已經評估過情勢，並決定大膽地承擔風險。

此刻你已經掌握了認知的正確概念，接下來要做的就是行動。你準備好了嗎？

PART

02

行動

A C T I O N

行動是什麼？行動本身不足為奇，但做出正確的行動卻不容易。作為一種修練，並非所有的行動都是正確的，只有經過規劃的行動才是。我們所做的一切都必須經過通盤考量，一步接著一步，一個動作接著一個動作，如此一來，眼前的障礙就會逐步瓦解。透過不懈的堅持與靈活處事，我們將根據目標採取最有效益的行動。做出行動，需要的是勇氣而不是莽撞；要有創意地活用方法，而不是一味靠蠻力硬幹。我們的行動和決定會定義我們，因此必須確保我們是以從容、大膽和堅持的方式行動。這些都是正確、有效的行動特質。我們只能靠自己，不要奢望能從別人那邊得到幫助、意見或找藉口逃避。面對困境的解方和對策，就是行動。

行動的修練

沒人能想到狄摩西尼會成為全雅典、甚至是歷史上最偉大的演說家。他生來體弱多病，且患有先天口吃。七歲時喪父，情況自此變得更糟。原本他會從父親那兒繼承一大筆遺產，以支付家教及貴族學校的費用，但這筆錢卻被受託要保護他的監護人給竊取了。他們拒絕負擔家教費，剝奪了他的受教權。狄摩西尼仍舊病弱，也沒辦法從希臘人生活的另一個重心——體育競技場脫穎而出。這個喪父、柔弱又古怪的孩子，非但不被人理解，還遭到百般嘲弄。人們完全想不到這個男孩，在不久的將來，能成為僅靠出聲就挑起國家戰火的人。

狄摩西尼天生就處在劣勢，本該依賴的人也拋棄了他。一個孩子所能承受的所有不幸，幾乎都降臨到他的身上。他遭遇的事情，沒有一件公平，沒有一件合理。如果我們處在他的位置，多數人恐怕早就放棄了，但狄摩西尼不願放棄。

他曾在雅典法庭上目睹一位偉大演說者的演講，從此這個人的形象就深植於他幼小的心中。這位演說者技巧高超、聲勢強大，博得群眾的讚賞。他接連數小時擲地有聲地說著每一句話，只靠著激昂的聲音與宏大的想法，便足以征服所有的反對者。這位講者帶給狄摩西尼相當大的啟發與挑戰，因為在許多方面，這位充滿自信與力量的講者，都跟弱小、蒙受打擊、無力、總是被忽視的狄摩西尼正好相反。

於是，狄摩西尼採取了行動。為了克服言語障礙，他想出了獨特的練習方法：在口中塞滿小卵石，同時練習說話；刻意選在強風中排練一整場演講，或是奔上陡峭斜坡時邊跑邊練；在一口氣之內發表完整的演說等等。很快地，他那原本細小微弱的聲音，就變得字字鏗鏘、句句響亮了。

狄摩西尼甚至造了個地穴，長時間關在裡面，好讓自己可以埋首研究、自我學習。為確保自己不會耽溺於外面的花花世界，他把頭髮剃去一半，利用羞恥心打消外出念頭。自此之後，他下足功夫，把每一天都投入到聲音、臉部表情及辯論的練習。

即便是出門，也是為了要學習更多東西。每一刻、每次談話、每次互動，都是幫助他精進演說藝術的好機會。這一切都指向一個目標：在法庭上面對敵人，贏回被奪走的東西，而他最終也成功了。

他成年後終於對怠忽職守的監護人提起訴訟。監護人請來幾位律師想扳倒他，但他不願就此止步。狄摩西尼用富有靈活性及創意的手段以訟止訟，在法庭上發表了無數次演說。他對自己發展出來的全新力量充滿自信，監護人終究不是他的對手，他最後憑藉著過去付出的一切努力，打贏了這場官司。

雖然原本龐大的遺產僅剩一小部分，但金錢已然變得次要。狄摩西尼成為聲名遠播的演說家、贏得群眾的支持、對錯縱複雜的法律知識瞭若指掌，這些都遠比剩餘的財富更有價值。

狄摩西尼每次發表演說，都能使自己變得更有力量；堅持下去的每一天，都能使自己變得更加堅定。他能看透霸凌者，勇敢面對恐懼。在與乖舛命運的搏鬥中，他找到了自己真正的使命：他要成為一位偉大的演說家來為雅典發聲、成為雅典的良心。他正是因為自己的經歷以及做出正確的反應才得以成功。他把憤怒和痛苦轉化為對自己的嚴苛訓練，而後又發揮在演說上。他在演說中灌注了一種大無畏的精神，這種力量既無人能匹敵，也無人能抵抗。

曾有學者問狄摩西尼，演說中最重要的三個特點是什麼，他言簡意賅地回：「行動、行動、行動！」狄摩西尼失去了本該繼承的遺產，這的確很不幸，但在處理現實的過程中，他為自己創造出了更好且別人永遠無法奪走的條件。

假如你被分到一手爛牌，你會怎麼反應？是直接棄牌？還是拿手上的牌全力以赴？假如你眼前有東西爆炸，先不管是隱喻還是現實，你會衝向它嗎？還是會朝反方向逃走？又或是更糟的，直接癱軟不動？這樣一個小小的性格測試，就能道出我們的一切。

遺憾的是，許多人都因為選擇不行動而招致失敗，但我們的天性其實是會自然而然地做出行動，好比你現在跌了一跤，你的身體就會出於本能來保護你。你會把手往前伸來撐住身體，避免臉部著地。在一場嚴重的事故中，你可能陷入震驚狀態，但你依然會伸出手臂，護在臉部周圍，這就是「防禦性傷口」一詞的由來。在那樣的時刻，我們不會思考、不會抱怨、不會爭論，只會行動。我們本來就擁有真實的力量，比自己所知的還要強悍。

然而我們在生活中，被最糟糕的本能控制了的時候，我們就會開始拖延。我們沒辦法像狄摩西尼那樣行動，只會表現得很脆弱，卻無力使自己變得更好。我們或許有辦法清楚地說出問題，甚至是提出潛在的解決方案，但在幾周、幾個月甚至幾年後，問題依舊存在，甚至變得更糟。我們彷彿在殷殷企盼他人出手解決問題，彷彿真心相信障礙會有自行消除的一天。

我們都曾經發過這樣的牢騷：「我受不了了」、「累死了」、「壓力好大」、「我很忙」、「我卡住了」、「我被比下去了」。但我們又怎樣應對呢？出去玩樂、奢侈一下、睡個懶覺、傻傻等待。置之不理或假裝沒事，感覺似乎比較好，但你內心深處知道，這樣並不會讓情況變好。你必須行動，此刻就展開行動。

或許我們是忘了一件事：在一生中，發生過什麼事或出身如何，這些都不重要。重要的是你對於發生過的事，或與生俱來的事物，要如何應對。唯一能讓自己變得更卓越的方法，就是充分利用自己的過去，把它變成你的優勢。

有些人總是會把困境化為機遇，而這些困境往往比我們正面臨的狀況要嚴峻得多，比如身體殘障、種族歧視、與實力遠超過自己的敵軍對抗。然而，這些人都沒有放棄、沒有自憐，也沒有幻想輕鬆的解決方案來自我矇騙。他們只專注於唯一一件重要的事，那就是用饒富熱情與創意的態度來全力應對。

有些人生來便一無所有，數十年來過著家境貧寒、關係不合、混沌黑暗的苦日子，但他們反而不在乎現代觀念中所謂的公不公平或好與不好，因為這些觀念對他們而言都不適用。眼前所見就已經是他們所知的全部，與其抱怨，不如學會與現實共處，充分利用每一次機會。因為他們必須如此，別無選擇。

沒有人想要天生就體弱多病，或是成為受害者。沒有人想要身無分文，沒有人想被障礙困住而動彈不得，無法朝目標邁進。身處這樣的環境並不是源自於認知錯誤，他們也不會對行動毫無興趣，或者說無動於衷。事實上，行動才是改變情勢的唯一方式。

我的意思並不是要你連花一分鐘去想「該死，這真是太糟糕了」都不行，你想發洩一下當然可以。深呼吸、評估情勢，這些都好，只是不要花太多時間在這上面，因為你還得回來動工。每一次克服障礙，都會讓我們在面對下一個障礙時，變得更堅強。

但是……不行，不能找藉口。沒有什麼例外，也沒有捷徑可走，承擔一切是你的責任。

我們不能奢望有路可逃，或有地方可躲，因為我們必須為了特定目標而努力，必須為了克服並轉化眼前的障礙而全力投入。沒有人會來拯救你。如果我們想達到自己聲稱的目標、實現自己宣告的成就，那方法只有一種，就是用正確的行動來對付問題。

因此，我們永遠可以（也只能）透過以下的方式迎接障礙：

- 保持活力
- 堅持不懈
- 遵循連貫且謹慎的步驟
- 不斷嘗試、保持韌性

- 實事求是
- 具備制定策略的眼光
- 熟能生巧
- 能夠伺機行動、掌握關鍵時刻

你準備好要開始上工了嗎？

開始行動

人的一生，要麼耗盡生命，要麼腐壞生鏽，而我寧可選擇前者。
——老羅斯福總統

愛蜜莉亞．艾爾哈特一心想成為優秀的飛行員，但當時是一九二〇年代，人們對女性的觀感仍是脆弱無能，婦女取得選舉權也還不到十年。

由於她無法靠當飛行員維生，便接下社會工作一職。某天她接到一通電話，來電者講了一個頗為無禮的提議，內容大致上是這樣的：「有個人願意資助第一位橫越大西洋的女飛行員，但是我們首選的那位已經退出了。妳不用親自駕駛飛機，我們還會派兩名男士當妳的護花使者。而且，猜怎麼著？

我們會付他們很多錢，而妳一毛也拿不到。喔，對了，過程中妳也很可能會沒命哦。」

你知道她怎樣回應這個提議的嗎？她同意了。因為無論是要飛行，還是打破性別刻板印象，只要一個人願意排除萬難，變得出類拔萃，就會這樣回。不管人在哪、不管發生什麼事，他們都會立即展開行動，不在乎條件是否完美，不在乎自己有沒有備受輕視。因為他們知道，一旦開始行動，就算只有一點點的動力，他們也能讓事情運轉起來。

艾爾哈特的情況就是如此。不出五年，她便成為第一位獨自橫越大西洋且中途不休息的女性飛行員，也自然而然地成了全球最著名、最受尊敬的人物之一。但如果當初她一接到電話就對提議嗤之以鼻，或是坐在那裡自怨自艾，這一切就不會發生。如果她取得第一項成就之後就止步不前，這一切也不會發生。重要的是，她逮到了機會，然後繼續前進，這才是她成功的原因。

人生難免充滿挫折。雖然我們通常都知道問題在哪，甚至知道該怎麼做，但我們的內心往往充滿恐懼，比如擔心採取行動的風險太高、缺乏經驗、不符預期、代價高昂、為時過早、或許會有更好的機會出現、可能行不通……

等等。

而躊躇不前的結果又是如何呢？就是什麼都不會發生，因為我們什麼也沒做。你應該告訴自己：遲疑的時機已經過去，現在風已揚起，鐘聲正響，是時候該起步往前了。

我們常以為世界會在我們有空時才轉動。該行動的時候，我們拖拖拉拉；該快跑甚至衝刺時，我們還在慢慢地跑。等到發現沒有任何好事發生、機會並未出現、新的障礙不斷累積、敵人開始重整旗鼓的時候，我們才大吃一驚。但這有什麼好吃驚的呢？我們給了敵人喘息空間、給了他們行動的可能性，他們當然會這麼做。

所以，你該做的第一步就是：不要再裹足不前了，趕快邁開步伐吧！你必須先跨出去，才能到達別的地方。

現在，假設你已經這麼做了，那很棒，表示你已經超越多數人了。但我們要來老老實實地問個問題：你還能多做一些嗎？應該可以，因為永遠都有更多的事情可做。你可能已經起頭了，但是還沒付出全部的努力，這是看得出來的，所以至少還可以再加把勁。這對結果會有任何影響嗎？當然會。

在第二次世界大戰的頭幾年，對於英國部隊來說，再也沒有比派往北非戰線更糟的任務了。英國人喜歡有條不紊的行動，厭惡嚴酷的天氣和地形，因為這會嚴重破壞他們的軍事裝置和計畫。他們的行動就有如自己的感受：步伐緩慢、縮頭縮腦、小心翼翼。

另一方面，德國陸軍元帥隆美爾將軍，卻很喜歡這個地方。他把戰爭視為一場遊戲，一場危險、肆無忌憚又節奏快速的遊戲。而且最重要的是，他將無限的精力投入這場遊戲，不斷地把部隊往前推進。德國士兵有句話形容這個人：只要有隆美爾將軍在的地方，就是前線。

而這就是你下一步該做的事：把腳踏進馬鐙，然後勇往直前，全力以赴。

德軍絕不會用同一句話形容現在多數的領導者。當那些坐領高薪的執行長們還在放長假，只會靠電子郵件自動回覆功能來應付工作時，某位工程師已經一天連上十八個小時的班，編寫著足以毀掉執行長事業的啟動程式碼。如果我們夠老實的話，也許會承認自己在面對（或不願面對）問題時，比較接近前者而非後者。

當你正在睡覺、旅行、開會或上網亂逛時，同樣的事也會發生在你身上。你會變得愈來愈軟弱，不願加緊腳步積極往前。你會找無數個藉口，來解釋自己為什麼不能加快速度，而這一切都會讓生活中的障礙逐漸累積成龐然大物。

不知何故，今日的我們都傾向於低估積極、冒險、勇往直前的重要性，可能因為這些特質多少會引發暴力或陽剛氣息相關概念的負面聯想。但艾爾哈特的例子顯然證明了這不是真的，而且事實上，她還在飛機的側面，漆上了一句話：「思考時永遠把駕駛桿往前推。」這句話的意思是，你絕不能放慢飛行速度，因為這麼做的話，你就會墜毀。當然了，你還是得要小心謹慎，但同時也必須不斷前進，而這就帶到我們的最後一個步驟：自始至終，勇往前行。

跟艾爾哈特一樣，隆美爾將軍從歷史中知道，能夠以旺盛的精力和強大的主動性來應對人生問題的人，通常都會贏得勝利。他總是不斷往前推進，給過度謹慎的英軍施加壓力，最終對他們造成毀滅性的影響。

他在昔蘭尼加、托布魯克和突尼西亞發起一連串進攻，造就了戰爭史上最教人驚奇的幾場勝利。當英軍還在努力適應環境時，隆美爾將軍老早就開始行動，使得他在地球上最不宜居住的地區，獲得了勢不可當的優勢。他之所以能用很快的速度穿越北非荒涼的戰場，是因為他從未停下腳步。即便戰場幅員遼闊，沙塵暴撲面而來，氣候酷熱、飲水缺乏，但隆美爾將軍仍毫不停歇，不斷往前。

這也讓上級指揮官大感驚訝，他們一次又一次地試圖減緩隆美爾將軍的速度。因為比起往前推進，他們更喜歡仔細商議、高談闊論，但這對隆美爾將軍及其部隊建立起來的氣勢，產生了極為負面的影響，就像我們生活中碰到的狀況一樣。

因此，當你在追求目標的過程中感到沮喪時，不要只會坐在那裡，抱怨得不到想要的東西，或是克服不了障礙。如果你連試都還沒試，當然會一直留在原地打轉，因為你根本還沒實際追尋任何事物。

雖然我們的社會常常談到勇氣這件事，但我們卻忘了，勇氣追根究底其實就是採取行動，無論是要主動接近某位你很害怕的人，或是決定翻開一本書，好好研讀你必須學習的科目。就像艾爾哈特所做的一樣，所有你敬佩的偉人，都是從說出這句「好，我們來行動吧！」開始的，而且往往是從比我們所經歷的更不理想的情境下起步。

只因為條件不完全如你的意，或是覺得自己還沒準備好，都不表示你可以替自己找藉口。假如你想要有動力，就必須自己創造。坐而言不如起而行，現在就開始行動吧。

堅持不懈

他說，堅持下去就是最好的出路，這點我同意，因為就我來看，除了堅持下去，也沒有別的出路。

——美國詩人羅伯特・佛洛斯特（Robert Frost）

美國南北戰爭時期，格蘭特將軍花了將近一年的時間，試圖攻破位於密西西比河岸高地上的維克斯堡防線，此處是南方邦聯控制該國首要河道的關鍵據點。他試過正面進攻，試過繞道攻擊；花了好幾個月開掘運河，企圖把密西西比河截彎取直；試圖把上游堤壩炸毀，使大水淹過土地，好讓船隻可以駛進城市。

但這些方法沒有一種奏效，與此同時，報紙上也議論紛紛。幾個月過去了，沒有任何進展。本來林肯總統派了一個人來接替，這個人也已經準備上任，但格蘭特將軍仍不為所動，既沒有倉促進攻，也沒有就此放棄。他知道弱點一定存在於某個地方，他要不找出來，要不就自己製造一個。

格蘭特將軍的下一個舉動，幾乎與所有傳統的軍事理論背道而馳。他決定讓船隻繞過護河的砲台——這個決定風險相當大，因為一旦到了下游，他們就無法回頭了。儘管發生了一次前所未有的夜間激戰，但幾乎所有的船隻都安然渡過了。幾天後，格蘭特將軍在下游約三十英里處，成功橫渡密西西比河。

格蘭特將軍的計畫十分大膽：他讓大部分的部隊拋下自己的補給品，離開陸地從河道前進，沿途攻下一個接一個的城鎮，靠佔領敵方領土的資源而活。等到格蘭特將軍開始圍困維克斯堡時，他給我軍和敵軍放出一個清楚明確的訊息：自己絕不放棄。在格蘭特將軍氣勢如虹的進攻下，防線終將崩毀。也許沒辦法贏得漂亮，但他的攻勢無人能擋。

如果我們想克服障礙，就要對內在與外在散佈這樣的訊息，既不因失敗而止步，也不受外部的雜音干擾或分心。我們要鍥而不捨地挖鑿障礙，直到它消失為止，任何阻力都是徒勞的。

在維克斯堡的時候，格蘭特將軍學到了兩件事。首先，不屈不撓是極有價值的資產，也可能是他身為一個領導者最重要的資產。其次，或許是因為他的堅持不懈，在試過所有傳統的策略之後，他不得不嘗試一些新方法，也就是切斷原有的補給線，靠著掠奪敵方領土的資源過活。北方軍至此反而可以利用這個從未試過的策略，來逐漸耗盡南方軍的資源和戰鬥意志。

在格蘭特將軍的堅持下，他不僅突破重圍，還在嘗試過所有錯誤的方法之後，發現了新的策略，並用這個策略贏得了最終的勝利。他的故事並不是例外，而是常規，這就是創新的運作方式。

一八七八年的時候，愛迪生並非唯一在試驗白熾燈的人，但他卻是唯一一位願意測試六千種不同燈絲材料的人，其中一種還是拿老朋友的鬍鬚來做成的。每一次的嘗試，都使他離找到合用的燈絲更加接近。

而到了最後，他當然找到材料了，證明了天才實質上是憑藉毅力成功，而非聰明才智。愛迪生殫精竭慮、孜孜不倦地一再嘗試，撐得比那些沒耐性的對手、投資者和媒體都還要久，在試過各種各樣的材料之後，終於在一片竹子中找到了點亮世界的力量。

尼古拉．特斯拉曾在愛迪生發明白熾燈期間的實驗室裡，度過了充滿挫折的一年。特斯拉曾嘲笑著說，如果愛迪生必須從稻草堆裡找出一根針，他會「立刻著手」來「一根接著一根仔細翻看，直到找到他需要的東西為止」。這個嘛，有時候這麼做，確實是能奏效的。

當我們與障礙搏鬥時，想像一下格蘭特將軍和愛迪生的形象是會有幫助的。格蘭特將軍叼著雪茄，愛迪生則連續好幾天在實驗室裡埋頭苦幹。兩人都堅持不懈，體現了沉著與毅力，也符合英國桂冠詩人丁尼生在其詩作〈尤利西斯〉中所寫的「去奮鬥、去探索、去尋求」的精神。他們都不願放棄，而且都會以同樣的熱情嘗試每個在腦中湧現的選項。他們知道最終絕對會有其中一種選項奏效。他們熱烈迎接一次又一次的嘗試機會，並由衷感謝每次嘗試帶來的珍貴知識。

擋在你面前的事物並不會憑空消失。你不可能忽然之間就有足以改變世界的靈感，不可能僅靠這樣的靈感就能消除或改造障礙。你必須看著障礙，看著周圍那些習慣質疑或找藉口的人，對他們說出跟柴契爾夫人一樣的名言：「要轉彎就轉，隨便你們，但女士我是絕對不會妥協的。」

太多人以為，像格蘭特將軍和愛迪生能獲得如此偉大的勝利，是因為一時的靈光乍現帶來的，認為他們憑藉純粹的才智就可以解決問題。但事實上，這是一段緩慢的進程，透過從不同角度的反覆嘗試，逐步刪去可能的選項，慢慢地才讓確切的解決之道從成堆的方案中脫穎而出。他們之所以天才，是在於對目標全力以赴，對質疑置若罔聞，對渴望堅定不移。

那麼，就算他們的方法不像其他方法那樣「科學」或「適切」，又有什麼關係呢？重點是行得通。而不斷努力就是行得通的關鍵，就這麼簡單（但要再次重申，這並不容易）。

對於我們在生命中多數的嘗試來說，技能通常不是問題。我們通常都擁有足夠的技術、知識和能力，來做自己想做的事。但我們是否擁有足夠的耐性，來讓想法更加完善呢？我們是否擁有足夠的精力，來敲開更多的大門，直到找到投資者或贊助者？我們是否擁有足夠的毅力，來應對團隊合作可能遇上的政治鬥爭或戲劇性事件？

一旦你開始要對某個障礙發動攻擊，放棄就不會是你的選項了，你絕不能讓它出現在你的腦海。能不能屏棄其中一條道路，來嘗試其他更有希望的路呢？當然可以，但這跟全然放棄可差得遠了。一旦你開始想像自己全然放棄，就等同敲響了走投無路的警鐘。一切就此結束。

你不妨改成以下這些心態：

- 永不急躁
- 永不擔憂
- 永不絕望
- 永不半途而廢

有個很受哲學家愛比克泰德喜愛的格言，你可以記住並拿來提醒自己：「堅持不懈，抵抗誘惑」，也就是堅持付出努力，以及拒絕屈服於分心、喪志和失控的衝動。

沒必要搞得緊張兮兮、匆匆忙忙，也沒必要感到沮喪或絕望。你既不會偏離方向，也不會被淘汰，你會留在這裡好好奮鬥下去。因為當你正專心一志地努力奮戰，直到結束哨聲響起的最後一刻，你根本就不會注意到時間幾點了。你會把每分每秒都好好利用，不會停下腳步，直到一切結束。所以，一時的挫折並不足以令你氣餒，這只是在走下去的漫漫長路上遇到的一點顛簸而已。

嘗試新事物難免會遇到障礙。一條新的道路，就定義來說，就是沒有人清理過的路。唯有透過堅持和時間，才能清掉雜物、去除障礙；唯有與障礙奮鬥，不要像他人那樣輕言放棄，我們才能踏足杳無人跡的領域；唯有堅持不懈、抵抗誘惑，才能學到別人因為太急躁而學不到的事物。

感到受挫沮喪是沒有關係的，但放棄不幹就有問題了。假如你生命中有某個堅不可摧的堡壘，你已經下定決心要將它團團包圍，那麼就算知道自己想放棄，也還是要穩住腳步，不斷前進，直到攻下它為止，這才是所謂的堅持。

愛迪生某次在解釋自己如何發明的時候說：「第一步是先有直覺，就像靈光一現般，再來困難就出現了。」愛迪生之所以跟其他的發明者不同，在於他對困難的忍耐度特別高，以及他有著把問題解決的決心，可以保持專注、持續不懈地將困難化解。

換句話說，事情本該就要很困難，初步的幾次嘗試本來就不會成功，而是會耗費你許多精力。但精力是一種源源不絕的資產，是一種再生資源。別再尋找閃現的靈光，開始去探查弱點吧。別再尋找天使（angels），開始去尋求有利的條件（angles）吧。選項是存在的，堅持下去，嘗試各種可能性，你終究能成功達陣。

當別人問我們進度到哪了、正在做些什麼、「情況」的進展如何時，你的回答應該要很清楚：我們正在努力中，而且離目標愈靠愈近了。面臨挫折時，我們會以加倍努力來應對。

不斷嘗試

失敗是什麼?失敗不過是一種教育,是通向美好未來的第一步。
——美國廢奴運動倡議者溫德爾・菲利普斯(Wendell Phillips)

在矽谷,初創公司通常不會推出精鍊、成熟的產品,而是推出「最小可行性產品」,這是核心概念的基礎版本,僅包含一、兩種重要功能。重點在於能夠馬上看出消費者的反應,就算市場反應不佳,至少可以短時間內就看出問題,也不會賠太多錢。這是為了避免製造或投資在消費者不感興趣的產品上,正如現在的工程師常開玩笑說的那樣:「失敗就是一種功能。」

但這其實不是笑話。如果你的目的在於精進、學習和嘗試新事物,那麼失敗的確會是一種珍貴的資產。幾乎所有的成功，前期都一定會經歷失敗，所以就算你做錯了、想改變方向，也沒有什麼好丟臉的。每次失敗，都會有新的選項出現，問題本身就是一種機會。

傳統的商業模式是，公司會先做一些調查，猜想消費者的可能需求，然後在實驗室中製造出這些產品。他們把消費者的回饋隔絕開來，但這其實反應出一種對失敗的恐懼，彷彿只要跟失敗有關的事情都會變得異常脆弱。如果在上市當天，發現這個精心製作的產品砸鍋了，所有的努力也就都付諸東流了。即便是成功，也不會有人知道背後的關鍵原因為何。但另一方面，「最小可行性產品」反而是張手歡迎失敗和回饋，每次失敗都能讓產品變得更加強大，把行不通的、用戶不感興趣的功能拿掉，並將研發者有限的資源集中起來，致力於強化行得通的功能。

當今這個世界，我們的工作愈來愈仰賴為自己而做、為自己負責，所以把自己視為一個新創公司，也就是一人公司，也是有道理的。而這意味著我們必須改變自己與失敗的關係，必須不斷反覆做同一件事，重複經歷失敗與改進。我們對於一再嘗試的受挫力，與對於一再失敗的容忍力，這兩者有密不可分的關係。

在前往成功的道路上，我們很有可能面臨失敗，而且是多次的失敗。但這其實沒什麼關係，甚至還是好事一樁。行動和失敗是一體的兩面，有行動就有失敗。只有當人停止行動，這個關鍵連結才會被打破，因為他們用了錯誤的方式來看待失敗。

當失敗發生時，你可以自問：「這裡出了什麼問題？有什麼可以改進的？我有遺漏什麼嗎？」這樣會有助於找出替代方案，來完成必須完成的事，而且往往比一開始的方式要好得多。失敗會把你逼至角落，你必須自己想辦法走出來。這是突破的泉源。

這就是為什麼偉大的成功，經常發生在慘敗之後的原因。因為這些成功者都會回頭改進原先的計畫，不以失敗為恥，反而鬥志高昂地持續鞭策自我。有時候在體育賽事裡，不被看好的一方往往要嘗過一次近乎勝利的失敗，才會相信自己有能力與常常擊敗他們的對手一較高下。雖然失敗可能會很痛苦，但正如富蘭克林所言，它也能給予我們教訓。

在商場上，面對大多數的失敗，我們比較不會把它歸因於個人，而是能夠理解這只是過程的一部分。如果一項投資或新產品成功了，那非常好，但如果失敗了，也沒什麼關係，因為我們心裡早已有所準備，不會把每一分錢都花在同一個選項上。

優秀的企業家是這樣的：

- 永遠不會執著於同一個立場
- 不會因一點點的投資失利而害怕
- 從不懷恨或感到難堪
- 不會長時間退出賽場

他們可能失誤過很多次，但不會因此而倒下。即便我們知道自己能從失敗中學到寶貴教訓，也親眼見證過，但還是會不斷地迴避失敗。我們會竭盡所能避免失敗發生，認為這是很難堪或可恥的事。一旦失敗，就氣急敗壞、大發雷霆。

你問：「我怎麼可能選擇失敗呢？這很痛苦耶！」我沒有說失敗不痛

苦，但我們也該認識到，可預期的、暫時性的失敗，肯定不會比災難性、永久性的失敗來得痛苦。就像到任何一間好學校就讀一樣，從失敗中學習不會是免費的，而付學費的方式，就是透過感到不安、有所損失和從頭開始。

就高高興興地付這筆學費吧！對於你的職涯、新書或新事業而言，再也沒有比失敗更棒的老師了。有句諺語是關於一位愛爾蘭船長如何探知港口邊的礁石位置，他是用船底一次次地碰撞來得知的。只要行得通就好，不是嗎？

還記得隆美爾將軍在北非將英美盟軍殺個措手不及的事蹟嗎？我還有另一邊的故事沒講。盟軍之所以會選在這麼不利的戰場，其實是有目的的。邱吉爾知道他們必須選在某個地方，與德軍首度交鋒，但如果在歐洲戰敗，會對士氣造成非常嚴重的打擊。

英軍在北非戰場的早期階段，多半是經由失敗來學習如何與德軍對戰，但這之所以可被接受，是因為他們能利用預期的學習曲線，來做下一步的規劃。他們欣然接受失敗，只因他們跟格蘭特將軍與愛迪生一樣，知道失敗意味著在前進的道路上將會取得勝利。也因此，希特勒在義大利遭遇的盟軍，遠比他在北非時遇到的強悍，而最終在法國與德國面對的盟軍，又更加勇猛精良。

要說有哪一種方法能讓失敗成為百分之百的壞事、無法從失敗中獲得任何好處，那就是不去從失敗中汲取教訓。一遍又一遍地重蹈覆轍，要說這符合瘋狂的定義也很有道理。人往往因各種小細節招致失敗，但他們既不肯學又不肯聽。他們看不到失敗暴露出的問題，也沒有因為失敗變得更好。

這些愚蠢又抗拒改變的人太過自我中心，因而無法意識到，這個世界沒有時間去跟他們辯解、爭論或說服他們錯了。他們貌似堅強，骨子裡卻很軟弱，有太多的自我裝備與太高的自尊心，以至於無法從失敗中學到東西。

是時候你該明白，這個世界會經由每一次的失敗和行動，告訴你一些事。這是一種反饋，用明確的指示來教導你該如何改進，把你從無頭蒼蠅的情況中喚醒。失敗就是要教會你一些事情，你該做的是用心聆聽。這些教訓是只有在你充耳不聞時才會變得很慘痛，所以千萬不要這麼做。

用聆聽的方式來看待並理解世界，是逆轉障礙的關鍵要素。因為這麼做，負面的事物才能變成正面的，本來應該大失所望的事情反而能因此翻轉成一次機會。失敗能藉由告訴我們哪條路行不通，來替我們指明正確的道路。

按部就班

在梳理過後，曲折和筆直的路都會是一樣的。

——古希臘哲學家赫拉克利特（Heraclitus）

雖然美式足球教練薩班（Nick Saban）並不常提及某四個字，但他的每一位助理和球員，卻都遵循這四個字。他們用這四字精神喊話，將它銘記在心，並體現在每一個動作上，因為這四個字造就了他們前所未有的成功：按部就班。

薩班是阿拉巴馬大學美式足球隊的總教練，這所大學或許是美國大學足球史上最強勢的學校。薩班關注的焦點跟其他的教練不同，至少用的「方法」

不同，他教的是「按部就班」。

他是這麼跟球員說的：「不要想著拿下東南聯盟的分組冠軍，也不要想著拿下全國冠軍。你只要想著在這次的訓練、在這場比賽、在當下這一刻，你該做些什麼。這就是『按部就班』。我們要想想今天可以做些什麼，手邊有什麼任務要完成。」體育競賽的混亂場面正如人生，「按部就班」可以為我們指出一條明路。

「按部就班」的意思是，假如你手上有艱困的任務必須完成，那麼，不要專注在事情有多難，而是將它拆成幾個部分，只做「現在必須」完成的事。做好之後再換下一個事情做，循序漸進，而不是把目光放在最後的獎賞。

衛冕冠軍的那條路，說穿了也就只是一條路而已；沿著這條路一步一腳印地走，邁向卓越也就只是順著步驟做罷了。先在這一步取得勝利，接著再往下一步，就這樣一步接著一步獲勝。薩班教練所謂的按部就班就是這樣，專注於此刻，一次只往前一步，不因其他事情分散注意力，不為對手、比分或觀眾而分心。

按部就班的重點在於完成一件事，完成比賽、完成訓練、完成影片解析、完成進攻、完成重複動作練習、完成阻截、完成你眼下最微小的任務，並且把它做到好為止。

無論你是要追求所在領域的事業高峰，或只是想撐過可怕、嚴酷的考驗，同樣的方法都適用。不要想著結局，只要想著如何安然度過就好。一餐過完再接下一餐、一次休息完再接下一次休息、撐過一個關卡再接下一個關卡、領完一份薪水再接著領下一份薪水，一次只要能度過一天就好。

等到你確實做對了的時候，就算是最困難的事情也會變得有辦法處理。因為按部就班的過程是放鬆的，在它的影響之下，我們不需要恐慌。即便是巨大的任務，也只是一連串的小事所組成。

十九世紀偉大的氣象學先驅埃斯皮（James Pollard Espy）年輕時，在一次偶然的機會下領悟到「按部就班」的奧妙。埃斯皮直到十八歲才開始能讀寫。某次他參加了著名演說家亨利．克萊（Henry Clay）的一場叩人心弦的演講。演說結束後，如痴如醉的埃斯皮試著擠到克萊面前，卻無法用完整的字句跟偶像交談。他的一位朋友幫他高喊：「雖然他認不了字，但他想成為像你一樣的人。」

克萊把他的一張海報取了過來，上面寫著大寫字母「CLAY」。他看著埃斯皮，手指著字母說：「你看見這個了嗎，孩子？這是A。現在，你只剩二十五個字母要學了。」埃斯皮就是在此刻學到「按部就班」的精髓，不出一年，他就展開大學生活了。

我知道這聽起來似乎太簡單了，但請想像一下，有一位大師正在示範如何把一項極其困難的功夫變得看來毫不費力。沒有壓力、沒有掙扎，如此地輕鬆，不用辛苦勞累，也不必擔心受怕，就只是單純地從這一個動作接著下一個動作。這就是「按部就班」的結果。

我們也可以這樣做。不必像往常那樣，一碰到艱難的任務就掙扎不已。還記得你第一次看到複雜的代數方程式嗎？式子裡摻雜了一堆符號和未知數，但接著你就停一停，深呼吸一口氣，然後開始拆解式子。把變數獨立出來，一個一個解開，最後剩下的就是答案了。

現在，無論你遇到什麼障礙，都可以這樣做。我們可以深呼吸，然後處理眼下最緊迫的部分，接著依循線索展開下一步，一切都井然有序、環環相扣。就行動的層面而言，失序和分神是最要命的。混亂的心智會讓我們與眼前真正重要的事物脫節，為了不確定的未來而心神不寧。按部就班就是一種秩序，它能幫助我們掌控自己的覺知，與行動保持同步。

這雖然看似顯而易見，但我們卻常在最重要的時刻忘記這一點。假如現在我把你撞倒、按在地上，你會如何反應？你可能會感到驚慌，然後盡所有力氣試圖把我推開。但這是沒有用的，我只要用身體重量，就能輕而易舉地把你的肩膀壓在地上，你則會因為反抗而筋疲力盡，這就正好與「按部就班」相反。

有一種更輕鬆的應對方法。首先，不要恐慌，保留自己的體力。別做愚蠢的行為，比如不計後果就奮力抵抗，反而可能被勒住脖子。你要保持專注，別讓情況變糟，然後將兩隻手臂抬起、相互圍抱，創造出呼吸的空間。現在，盡可能轉身側躺，從這個狀態突破我對你的壓制：抓住手臂、把腿絆住、從臀部拱起、滑進一邊的膝蓋並用力推開。

雖然多少會花一點時間，但你終究會脫困的。你每做一個動作，壓制住你的人都會被迫稍作讓步，直到完全放開，然後你就重獲自由了。這就是因為你有按部就班地來。受困只是一種狀態，而不是命運。你必須透過一小步、一小步有計畫地行動來處理和排除這個狀態，而不是以錯誤的方式，試圖用蠻力推開，最後還失敗。

面對我們的事業競爭對手，我們會絞盡腦汁，想要製造出一些令人嘆為觀止的新商品，好讓對手相形失色，然而在過程中，我們卻往往沒有把注意力放在目標上。即便寫新書或拍影片是我們的夢想，我們仍會逃避做這些事，因為工作實在太繁重了，我們無法想像如何從這一步走到那一步。

有多少次，我們選擇了妥協或無奈地接受，只因為我們覺得真正的解決方法太過費力，或者超出了我們的能力範圍？有多少次，我們認為改變不可能發生，因為這樣的改變太過艱鉅、涉及太多不同的群體？或者更糟的，有多少人因為擁有太多的想法和靈感，結果反而變得不知所措？他們追著想法跑，卻三心二意、一事無成，沒有任何進展。他們當然很有才智，但執行力卻很低，很難達到想要或必須完成的目標。

這些問題都是可以解決的，只要按部就班地走，問題就會被各個擊破。我們總是誤以為事情該一步到位，光是想到這點就放棄該做的工作了。我們會從A直接跳到Z，煩惱於A，糾結於Z，卻把B到Y都給忘記了。

我們習慣設定目標，這樣也很好，因為這麼一來，我們所做的任何事情，都可以是為了某個有意義的目的。當我們明白自己的確切目標時，冒出的障礙看起來就會比較小，也比較好處理。但目標不明確的時候，障礙看起來就會變得更大、更不可能克服。目標可以讓這些顛簸起伏看起來比較平緩一些。

當我們心猿意馬、開始關心起與進度或努力無關的事情時，在腦海中響起「按部就班」的聲音會很有幫助，雖然有時這種聲音聽起來會有點霸道，像是某位充滿智慧而年長的領導者，他確切地知道自己是誰、知道自己該做些什麼，對著我們厲聲喝斥：「閉嘴！回到你的工作崗位，想想自己該做些什麼，而不是擔心外頭發生了什麼事。你知道你的任務是什麼。停止空口說白話，開始幹活去吧。」

「按部就班」是一種聲音，它會要求我們承擔責任、掌握實權，並且促使我們採取行動，即便只是完成一件小事。就像一台無情的機器，一點一滴地讓所有大大小小的抵抗屈服。一次一小步地往前邁進，以循序漸進的方式發揮力量，用按部就班的過程化解恐懼。我們要依賴它、倚靠它、相信它。

慢慢來，不用急。有些問題就是會比較棘手，先把眼前的處理好，之後再回頭處理其他的，總有一天你會達成目標的。「按部就班」的重點就是要在當下做對的事情，不用擔心未來、結果或整體狀況會如何。

做好你的工作

無論多麼卑微的工作，只要能做得正確，都是高貴的。
——英國汽車設計工程師亨利・萊斯爵士

美國總統安德魯・詹森即使早已脫離卑微的出身，但他仍常常對外自豪地提到自己在進入政界之前，作為一名裁縫師的職業生涯。「我做的衣服從來都不會裂開或破損。」他如此說道。

某次競選活動期間，曾有人故意大聲喊出他的工人階級身世，企圖羞辱他，但詹森沒有停下腳步，只回答道：「這對我而言完全不是什麼羞恥的事，因為我以前還是裁縫師時，聲譽非常好，衣服剪裁合身，也都能準時交給客戶。我一向都做得很好。」

另一位美國總統詹姆士・加菲爾在一八五一年的時候，曾說服他的學校讓他擔任門房，以支付自己的大學學費。他每天都笑容滿面地做這份工作，沒有一絲羞愧。每天清晨，他都會到大學的鐘塔敲響鐘聲，提醒大家上課時間已到，並帶著喜悅與熱切的心，邁開步伐前去上課，而他一天的生活早在敲鐘以前就已經展開了。他在學業開始之後，不到一年內就成為教授。除了自己的課業以外，還教授一門課程，等到二十六歲的生日時，他就已經成為該校的校長。

這就是當你能把工作做好的時候該有的樣子，無論你的工作是什麼。這些人總是能引以為傲地把自己被派任的事情做好，而且是做得比任何人還要好，藉此從貧困卑微的狀況躍升為擁有實權。事實上，他們能做得這麼好，是因為這些工作沒有其他人願意做。

有的時候，當我們正在往前進，或走在通往目標的路途上時，總是會不得不去做一些自己不想做的事。在我們展開職業生涯時，第一份工作通常會如企業家安德魯・卡內基的名言：「從熟悉掃帚開始。」打掃並不可恥，這只是另一個讓我們通往卓越、得以學習的機會。

但是，你呢？你忙著思考未來，一點都不以眼前的工作為榮。你只是草草應付、領領薪水、幻想著之後的人生能擁有更高的地位。要不就想著：「這只是一份工作，不代表真正的我，所以也不重要。」

這麼想真的很愚昧。無論你是要靠搖飲料來存點錢，還是為了準備律師資格考試而發憤圖強，甚至是在你已經獲得成功之後，總之，我們所做的每一件事都很重要，都是可以盡全力表現自己的好機會。只有自私自利的蠢蛋，才會認為自己已經太優秀，不用去擔負當前職位所需負的責任。

無論我們身在何處、在做什麼、要去何方，都必須對我們自己、對我們的專業、對這個世界負起責任，把事情做好。這是我們的第一要務，也是我們的義務。當行動成為我們的首要任務時，虛榮感就會自行消失。

一位藝術家終其一生都會接獲許多不同的繪製委託，而重要的是，他們會把每一次接案都當作首要之務。無論接到的案件能否讓自己臉上有光，或是獲得最高的報酬，這都無關緊要，因為每個案子都很重要。唯一會令他們感到羞愧的，就是沒有充分發揮自己的實力。

對我們來說也是如此。我們一生中會做許多事情，有些可以讓我們聲名遠播，有些則艱鉅繁重，但沒有一件事情是低賤的。無論面對什麼事，我們都應該以下面的態度回應：

- 努力工作
- 誠實
- 盡全力幫助他人

你永遠都不該問自己：「我現在該做什麼？」因為你清楚知道答案：「你該做好你的工作」。不管有沒有人注意到、不管我們能否獲得報酬、不管計畫會不會成功，這些都不重要。無論遇到什麼困難，我們都可以、也應該要用上述那三項原則來行事。

永遠不會有任何一種障礙，能真正阻止我們履行自己的義務；有的挑戰可能比較困難，有的較為容易，但絕對沒有克服不了的。我們在執行每一項任務的時候，都必須拿出最佳表現。無論是面臨破產、遇到憤怒的客戶，還是大賺了一筆、開始思考未來要如何發展，如果我們能盡力而為，就能對自己的選擇引以為傲並充滿自信，相信自己做出了正確的選擇。因為無論是什麼樣的工作，我們都確實有把事情做好。

是，是，我知道，「義務」聽起來很古板、很沉重。你只想做自己想做的事情。但義務也可以很美好，很激勵人心、充滿力量。

賈伯斯很在乎產品內部的設計，即便使用者看不到裡面的模樣，他依然會確保能設計得很漂亮。這是他父親教他的，要像工藝家那樣思考，就算櫥櫃的背面會靠著牆壁，沒人看得到，他父親也還是會把背面完整做好。每次當設計遇上困境，賈伯斯都清楚知道自己的最高指導原則：尊重工藝，製作出美麗的事物。

當然，各種情況都不一樣，我們沒有要發明下一代的iPad或iPhone，但我們也確實是在為了某個人做某件事，即使只是為了我們自己的履歷表。面對工作上的每個環節，尤其是沒人看到的部分，或是我們很想逃避、本來可以閃躲的艱困任務，都可以用跟賈伯斯一樣的態度，也就是帶著自豪及全心奉獻的精神來對待它們。

偉大的心理學家維克多．弗蘭克，一位經歷過三個集中營的倖存者，從一個古老的問題中發現了人類的自以為是：「生命的意義是什麼？」好像別人有義務回答你一樣。弗蘭克認為應該反過來看，是這個世界要問你這個問題，而你的任務是要透過行動來回答。

生命在每種情況下，都在問我們一個問題，而行動就是答案。我們的任務很簡單，就是好好地回答它。正確的行動——無私、專注、嫻熟、有創造力的行動，就是問題的答案。這是找到生命意義、以及把所有障礙化為機會的一種方式。

如果你把這一切都當作沉重的負擔，那麼你的看法就是錯誤的。因為所有我們該做的，就只是履行那三個小小的義務：努力嘗試、誠實、幫助自己和他人。那就是對我們的所有要求，沒有更多，也不能更少。

目標的確很重要，但永遠別忘了，個別的事項也都很重要，每件事都是整體的一個縮影。整體是不確定的，只有事項才是確定的。你做一件事的方式，都可以用來決定你做每一件事的方式。我們永遠都可以選擇做出正確的行動。

有效至上

黄瓜很苦？那就扔掉。路上有荊棘？那就繞道走。你只需要知道這些就夠了。

——羅馬皇帝奧理略

一九一五年，在南美洲的叢林深處，有兩家競爭激烈的美國水果公司，彼此間的衝突來到了最高峰。這兩家公司都迫切期望能獲得一塊很有價值的五千英畝土地。

這中間發生了什麼問題呢？有兩名當地人都宣稱自己擁有這片農地的契約，地點就在宏都拉斯與瓜地馬拉之間的三不管地帶。兩間公司都無法確定誰才是土地的擁有者，所以一時之間也不知該向誰購買。

要如何回應這個問題，就得視公司的體制與作風而定。其中一間公司非常強大，另一間公司則很靈巧機智。前者是美國最有影響力的企業之一：聯合果品公司，後者則是由賽繆爾．澤穆瑞創立的小型新興公司。

為了解決這個問題，聯合果品公司派遣了一批高級律師團隊，翻遍境內的每一份文件、每一片紙屑，不惜花費一切代價來贏得這片土地。對他們而言，金錢、時間和資源都不是問題。相較之下，澤穆瑞只是個卑微又沒受過教育的競爭者，根本無法與大企業匹敵，對吧？他玩不起這場遊戲。所以，他也沒浪費時間陪他們玩。作為一個靈活、機敏又大膽的人，他的做法很簡單，就是分頭與兩位號稱擁有土地的人會面，並跟這兩人買下土地。他是付了兩倍的錢，沒錯，但問題也就了結了，現在土地是他的了。忘了規則吧！問題有解決就好。

這就是「實用主義」的展現。不用去煩惱怎樣做才是「正確」的，只要行得通就好。這就是把事情辦好的方式。

澤穆瑞都是這樣處理障礙的。有次他需要在宏都拉斯的尤蒂拉河上造一座橋，卻被告知不能建造，因為競爭對手收買了當地政府官員，使興建橋梁變成違法的事。於是澤穆瑞就請工程師在河的兩邊，建造了兩座突入河中的碼頭來取而代之，並在碼頭延伸至河中心的位置，架了一座可以在幾小時內組裝和利用的浮橋。聯合果品公司投訴他的時候，他只是笑笑地回說：「哎呀，那不是橋，只是兩座小碼頭罷了。」

有時你會以這種方式做事，有時會以那種方式做事。這不單只是運用學校學到的策略，也要根據不同情況來進行調整。「只要有效的方式就行」，這才是我們該奉行的座右銘。

我們常耗費很多時間思考事情該是什麼樣子，或是查看規則告訴我們該怎麼做，想要把一切弄得很完美。我們告訴自己，一旦條件符合了，或者確定自己能相信眼前的事物，就可以開始動工。但事實上，更好的做法是專注在利用自己已經掌握的資源、專注在結果而不是漂亮的手法。正如巴西柔術所教導的，重點不在用了什麼方法讓對手倒地，而是只要扳倒他就行了。

澤穆瑞從未忘記他的使命：把香蕉運過河。無論是用一座橋，還是兩個碼頭加一座棧橋，都沒有關係，只要能將貨物運到目的地就行。當他想在特定的農園種植香蕉時，找出誰是農園的主人並不重要，重要的是讓自己變成農園的主人。

你有你的使命，無論是什麼都好。在完成使命的路途上，你就像其他人一樣，處在「你期望事態能怎樣發展」與「事態的實際發展」之間，而實際情況往往是一場災難。你願意付出多少？願意為了使命做些什麼？

停止抱怨。別再空口說白話。不要屈服於無助感或恐懼。你不能只會哭著回家找媽媽。你打算怎樣解決問題？要如何規避那些束縛你的規則？或許你該變得精明一點，而不是只想表現得安安穩穩。有時你必須忽視一些過時的規定，或是寧可事後再請求管理階層原諒，而不是當下就要強求而遭受拒絕。假如你有某個重要的使命，那麼最重要的，就是先把它完成。

理察．賴特在二十一歲時，還看不出未來會是一位世界知名的作家。身為一名窮困的黑人，他決定發憤讀書，沒人阻止得了他。他會闖入圖書館，製造騷亂嗎？不，在施行種族隔離制度的南方，他沒有這樣做，相反地，他偽造了一張紙條，上頭寫著：「親愛的女士，能否請您讓這個黑鬼小男孩借幾本H．L．孟肯的書？」（畢竟沒有人會這樣自稱，對吧？）接著用一張偷來的借閱證把書借走，假裝是替別人借的。

在風險非常高的情況下，你最好能有所變通，或是用孤注一擲、甚至有點瘋狂的態度來做事。你可以不甩當局，然後說：「什麼？這不是一座橋吧，我不知道你在說些什麼。」或是在某些情況下，對壓制你的人比出中指，完全不去理會他們訂下的那些邪惡又令人反感的規則。

實用主義與其說是現實主義，不如說是應變的能力。有很多條路可以從A點通到B點，不必非走一直線不可，只要你能抵達想去的地方就好。但是很多人花了非常多的時間，想要找出最完美的解決方案，卻因此錯過了眼前的好機會。

正如鄧小平曾說過的：「不管黑貓白貓，能捉老鼠的就是好貓。」斯多葛學派也有自己的銘言：「不要去期待柏拉圖的理想國能出現。」因為你永遠不可能找到完美的事物，反而該充分運用手上的資源。我並不是說實用主義一定跟理想主義、或把事情往前推進有本質上的衝突。即使第一代iPhone是革命性的產品，但它在推出時並沒有「複製、貼上」的功能，也沒有蘋果本來想搭載的其他功能。像賈伯斯這樣的完美主義者，也都知道某些時候必須妥協。重要的是你把事情完成了，而且它是行得通的。

你必須開始像個激進的實用主義者那樣思考：依然懷抱野心、充滿進取心，根植於理想，但同時也要非常實際、做可能做到的事。不要妄想擁有一切，不要想立刻改變世界，而是要有足夠的雄心，去獲取你所需的一切。格局不要太狹隘，但也要分清「重要的」和「多餘的」。

要想著事情有沒有進展，而不是完不完美。在這股力量之下，障礙就會瓦解，別無選擇，因為你會繞道而行，或者把它們變得無關緊要，它們也就失去了抵抗的著力點。

從意想不到之處進攻

無法探求未知之路者，就什麼也看不到，因為已知之路是一條死胡同。

——古希臘哲學家赫拉克利特

在美國的傳說中，喬治．華盛頓是一位勇敢、大膽的將軍，所向披靡，擊退了佔領美國的殘暴英軍。然而他真實的面貌，其實並沒有那麼輝煌。雖然華盛頓打的不是游擊戰，但也相去不遠了，他是個詭計多端、善於迴避的人，通常會避免正面對戰。

華盛頓的軍隊規模很小，缺乏訓練、供應短缺又不堪一擊。他打的多半是防衛戰，會刻意避免與英軍進行大規模的交戰。在各式各樣的戰術中，他大多是採用突襲的方法來面對更強悍、更龐大的敵軍，打了就跑、且戰且走。

華盛頓告訴他的士兵們說，永遠不要在顯眼之處進攻。他接著解釋，不要在敵軍可以預料到的地方進攻：「愈是敵人輕忽之處，他們愈會疏於防備，因此成功的可能性也最大。」他有一種強烈的直覺，認為小規模的戰鬥反而比較有機會贏得巨大的勝利。

華盛頓最為人稱道的「勝利」並不是與英軍直接對戰，而是他在近乎山窮水盡的時候，在某個聖誕節清晨渡過德拉瓦河，突襲一群可能已經爛醉的德國傭兵。他實際上比較擅長撤退而非進攻，擅長挽救本應戰敗而損失的部隊。華盛頓很少被困住，總是有辦法巧妙脫身。雖然稱不上是什麼光彩的策略，但他的迴避戰術是一種很強大的武器，目的在於使敵人疲於奔命。

身為大陸軍團將軍及美國第一位總統，他的事蹟會稍微受到粉飾、渲染也不令人意外，而且他也不是唯一一位被美化的將軍。由於電影及故事的渲染，以及我們自身的無知，造就了歷史上最大的迷思，也就是戰爭是由兩支強大的軍隊透過正面對決來決定輸贏的。這樣的概念充滿戲劇性，也十分有勇氣，然而實際上卻是大錯特錯。

出色的戰略家兼歷史學者李德哈特對橫跨古今的三十次衝突、其中的兩百八十多場戰役進行研究，得出了一個驚人的結論：在這兩百八十多場戰役中，只有六場的決定性勝利，是透過直接攻擊敵人的主要軍隊而達到的。僅僅六場，佔總數的百分之二。

如果不是正面交鋒，那又要怎樣取得勝利的呢？答案是：透過別種方式。攻擊翼側、攻擊意想不到之處、打心理戰、誘使敵軍離開防禦陣地、透過非傳統的方式、使用除了正面攻擊以外的所有可能方式。

正如李德哈特在其巨著《戰略》中所提到的：

偉大的將軍寧願採取最危險的間接方法。有必要的話，會讓其中一小部分的部隊翻山越嶺、行經沙漠和沼澤，甚至把自己的通訊切斷。就算會面臨不利的條件，也都比走上直接的路徑而導致陷入困局來得好。

當你已經窮途末路、耗盡所有力氣，當別人說你臉上的青筋像是要爆掉的時候……請先後退一步，繞過問題，尋找以小博大之處，從所謂的「最無法預料的路線」進攻。

當你面對挑戰時，第一直覺通常會是什麼？是要超越競爭對手嗎？試圖與人爭辯，想要打破他們長期以來的觀點？你會想要強行闖入正門嗎？即便後門、側門和窗戶可能全都已經門戶大開了？

無論你正在做什麼，如果你的計畫違反物理學或邏輯，那麼鐵定會加倍困難，更別說是不可能達到了。你可以想像一下，格蘭特將軍發現若要攻下維克斯堡，就必須繞過它而非長驅直入。想想NBA籃球名人堂教練菲爾．傑克森和他知名的三角進攻戰術，他的策略就是要利用球路轉移防守壓力，而不是直接進攻。

如果我們是從零開始，而對手已有足夠的時間建立起防禦，那我們根本不可能從他們的強項上戰勝他們。所以更明智的做法是連試都不要去試，要把有限的資源集中在別處。

大師在施展某項技能時，之所以能看似毫不費力，甚至做得比我們這些一知半解的人還來得少，是因為他們掌握了過程的訣竅，而且只把恰如其分的力量放在最有效率的地方，而不是使勁、費力地用雜亂無章的手法，消耗自己的能量，讓自己掙扎不已。

柔道的創始人嘉納治五郎是一位身高僅一百五十幾公分的傳奇人物，

有人與他對打之後說：「跟嘉納對戰就像是跟一件無人穿著的空外套打架一樣！」你也可以達到同樣的境界。就算人力不夠、條件落後、資金不足，不表示你就處於劣勢。這些狀態可以是一份禮物，是可以讓我們避免因為硬碰硬而導致損傷的資產。這樣的形勢能迫使我們變得更有創造力、尋找變通方法、昇華自我。不是去挑戰敵人最擅長之處，而是去尋找其他可以贏得勝利的方法。這些都是告訴我們要用間接的角度去切入的信號。

事實上，擁有身形、力量或權勢上的優勢，往往反而會形成致命的弱點。因成功而造成的慣性，會導致更難扎實地發展出良好的技術。擁有身形或規模優勢的人或公司，可以靠著蠻力硬幹而一帆風順，所以從來就不需要真正學會按部就班地做事。這樣的優勢可能幫得了他們一時，卻幫不了一輩子。等到他們遇上了你，你會拒絕用他們唯一熟悉的硬碰硬來面對他們，而是用機敏、迂迴的巧妙策略來擊退他們。

我們正處在小蝦米對抗大鯨魚的遊戲中，不能單憑力量擊敗對手。雖然我們的本能會讓我們在遇到推擠時就試著反推回去，但武術教導我們的是要忽略這種衝動。我們不能推回去，而是要試著扳動對手，直到對方失去平衡，接著再做下一個動作。

從意想不到之處進攻的策略是一門藝術，它能創造出富有創意的開闊空間，而且絕不只適用於戰爭、商業或銷售領域。

偉大的哲學家齊克果極少用權威的立場來說服他人。比起說教，他更善於運用一種稱作「間接交流」的方法。齊克果會用不同的假名寫作，讓每種虛假的人格都能展現各自的發言權或觀點，就同一個主題從不同角度進行多次論述，以富有情感和戲劇性的方式來傳達自己的論點。他很少告訴讀者要「這樣做」或「那樣思考」，而是展示各種看待、理解世界的新方法。

當人們對某個觀點非常堅定、執著的時候，你不能直接去挑戰他們，而是必須找到共同點，從該處著手來加以說服，或是找出有效的著力點來促使對方聽從。又或者去找出可以得到眾人支持的替代方案，使反對者自願放棄自身觀點來加入你的陣營。

有效的方式並不一定都是最引人矚目的方式，有時候甚至比較像是在走捷徑或是佔人家便宜。跟人一步一步過招時總會有許多壓力，就好像堅守有效的方式是在作弊似的。讓我來幫助你擺脫內疚和自我譴責吧！你不是在作弊，而是表現得像一名真正的策略家。你不是只會使出全力，希望這樣就行得通，或是屏棄戰術的優勢，在虛榮心和自尊心的虛耗中浪費自己的能量。信不信由你，這麼做雖然最艱難，卻也最有效。

記住，有的時候，繞最遠的路，反而會是回家的最短捷徑。

讓障礙自己對抗障礙

智者會善加利用自己的恨意。
——古希臘作家普魯塔克

甘地並沒有為印度獨立而戰，奮戰的其實是大英帝國，承擔所有失敗的也是大英帝國。這當然是甘地深思熟慮下的結果。他發起了大規模的非暴力不合作與公民不服從運動，再再展現出行動可以具備多重的定義。行動不一定是要直直往前推進，也不一定要拐彎抹角地往前進；行動可以涉及某種觀點，代表某個立場。

有時候，克服障礙的方式並不是直接攻擊，而是先撤退，讓障礙來攻擊你。你可以利用他人的行動來反抗他們，而非自己採取行動。

與期望改變的力量相比，甘地可以說是以卵擊石，但他選擇利用自己的弱勢，將其擴大，並把自己暴露出來。他對著世上最強大的軍隊說：「我要違反你們的法律，走到海邊收集食鹽。」甘地在挑釁他們——你能拿我們怎麼辦？我們的所作所為並沒有錯——他知道這樣會讓當局陷入兩難的困境：是要強硬執行已經聲譽破產的政策，還是宣佈廢除法令？在這樣的框架底下，強大的軍事力量變得毫無用武之地，動武反而會引起反效果。

馬丁．路德．金恩博士跟隨甘地的腳步，告訴他的追隨者們，他們將用「靈魂的力量來抵禦物質的暴力」，也就是說，他們會利用對立者的力量。面對暴力時，他們會保持和平；面對仇恨時，他們將以愛回應。而在這個過程中，他們會讓對立者的特質顯現出自己是站不住腳的、是邪惡的。

這種利用對立者的手法很有效，不作為也可以是一種行動。這麼一來，我們便可以吸收對方的力量來作為己用，讓對手或是障礙代替我們完成工作。

看看俄羅斯人就知道了，他們並不是靠嚴守疆界來擊退拿破崙和納粹，而是撤退到內陸，利用寒冬來對付遠離家園的敵軍，讓他們在戰場上作困獸之鬥。這樣也算是一種行動嗎？當然是！

也許你的敵人或障礙真的很難對付，就像前述的狀況一樣。也許在這種情況下，你還沒有透過堅持與毅力來取得勝利的能力，或是你不想冒險在工作上反覆嘗試、從做中學。那也沒關係，只是你離需要放棄還差得遠。

但必須承認的是，有些逆境對你而言可能真的是無法戰勝，無論你多努力都一樣。你該做的是，找些方法利用這樣的逆境，利用它的能量來幫助自己。

在蒸氣動力發明以前，船長會用一種妙計來對付密西西比河強大的洪流。他們先把一艘駛向上游的船停靠在準備往下游的船旁邊，然後用繩子纏繞在樹木或岩石上，並將兩艘船綁在一起。接著把第二艘船放開後，它會順著水流往下游移動，再將另一艘船往上游的方向彈射。

所以，與其跟障礙搏鬥，不如找出方法讓障礙自己擊敗自己。亞歷山大大帝有個著名的故事，說明了他正是這樣做的，也因為他非常善於讓障礙對抗自身，使得旁觀者第一次感覺到這位野心勃勃的少年有一天可能會征服世界。他還年輕的時候，馴服了他知名的戰馬「布西發拉斯」，這匹馬連他的父親馬其頓國王腓力二世都無法駕馭，而亞歷山大的方法就是讓這隻馬筋疲力竭。別人試著用蠻力、鞭子及韁繩想制服牠，結果都被甩下來，但亞歷山大卻成功了。他的方法就只是輕輕地躍上馬背，無論馬匹怎麼甩都堅持住，直到牠冷靜下來為止。布西發拉斯竭盡所有力氣，最後沒得選擇，只能屈從於騎士的調教。此後的二十年，亞歷山大都騎著這匹忠馬馳騁戰場。

那你要怎樣對待你的障礙呢？是的，有時我們必須向愛蜜莉亞．艾爾哈特學習，只管直接採取行動。但我們也要認清，有時自我克制可能才是最理想的行動方針。人生中的某些時候必須要有耐心，靜待暫時性的障礙自行消失。到底該直接行動還是該自我克制，先把問題搞清楚，不要遽下結論。

我們太過急切追求某件事物，反而有可能讓我們成為自己最大的敵人。我們愈是急迫，愈有可能把螺絲釘的螺紋磨損，導致怎樣都無法轉動，結果什麼也得不到。又像是在雪地裡或泥坑中猛踩油門，只會讓輪胎陷得更深，怎樣都出不了坑。

我們太過專注在往前進，卻忘記還有其他方式可以達到目標。對我們而言，遇到事情就停滯不前，甚至在某些情況下還要往後退，感覺會不太對勁，但這其實有可能反而是前進的最佳方式。所以不要老想著要做些什麼，先靜下來待一陣吧。

我們不斷奮進，爭取加薪、獲得新客戶、避免某些緊急情況發生。但事實上，達到理想的最佳方式，可能是重新檢視我們的那些期望，或是轉向全然不同的目標，將障礙視為探索新方向的機會。這麼做的話，我們最終有可能反而創造了新的事業，可以完全取代原本收入不足的工作。又或是在原本忽略的客群中，發現竟能吸引到更多客戶，只因他們正好想要跟不那麼急迫的人一起合作。或者重新反思我們及他人所害怕的災難，想出萬一事情發生時，如何從中獲利的好方法。

我們常誤以為前進才是進步或贏得勝利的唯一方式，但有時候，原地不動、側著走或往後退才是移除障礙的最佳方式。這些方法需要有一定程度的謙卑態度才能達到，因為那代表你承認原本的方式是行不通的，你沒辦法用「傳統」的方式去達成，但那又怎樣呢？重要的是，你的方法能否讓你抵達目的地。而且我要更清楚地指出，利用障礙來對付障礙，跟什麼都不做是截然不同的。甘地與金恩的消極抵抗實際上是一種非常積極的作為，但這些行動必須是透過紀律、自制、無懼、有決心和宏大的策略來展現。

偉大的社運策略大師索爾·阿林斯基相信，如果你「夠努力且夠深入地推動某項負面事物，就能突破到它的對立面」。正面事物都有其負面，負面事物也都有其正面。我們的行動就是要一路推動到它的另一面，使負面轉變為正面。

對我們而言這應該會是一種極大的安慰，因為那表示很少有障礙是大到令我們難以承受的，而且巨大的障礙有時也會是一種優勢，因為我們可以利用這樣的巨大，來對抗障礙本身。記得，城堡可以是一座令人生畏、難以攻破的堡壘，但是在被圍困時，又會變成一座監獄，差別只在我們採取的行動和方法上的不同。

我們可以將阻礙變成自己的優勢，讓這些障礙為我們完成困難的工作。有時這意味著讓障礙維持不變，而不是盡全力去改變它。布西發拉斯奔馳得愈快，就愈容易疲累；警察對公民不服從運動的反應愈惡劣，行動就愈能引發同情。敵人鬥得愈凶，事情就愈輕鬆。你愈奮力抵抗，就愈難達成目標，除了讓自己筋疲力盡外什麼也得不到。這對我們的問題也同樣適用。

轉化你的能量

若環境的干擾不可避免，那麼請立刻回歸自己的內心，盡可能不要失去自我的節奏。假如你能經常讓自己回復平靜的狀態，就更容易保持和諧。

——羅馬皇帝奧理略

身為一名網球選手，亞瑟．艾許是個美妙的矛盾體。他為了能在一九五〇及一九六〇年代的種族隔離制度中生存下來，便從父親那裡學會在球場上掩飾自己的情緒和感受。即使沒接到球也不會有所反應，不會表現出沮喪的情緒；遇上裁判不公，也不會提出抗議。的確，作為一名黑人球員，他沒有本錢太過招搖、大肆慶祝或表現得太突出。

但他在球場上的實際表現卻大不相同。所有他必須壓抑的能量和情感，都轉化成大膽、優美的球風。儘管他控制住自己的表情，但身體卻是活躍的，充滿流動性、技術高超，在球場上飛來奔去。他為自己的風格下了一個最好的註解：「神經緊繃，身體放鬆。」

對艾許來說，這樣的組合可以讓他在網球比賽中立於不敗之地。作為一個人，他能控制自己的情感，但作為一名球員，他看起來神氣活現、大膽而冷靜。他能夠撲身救球，並成功揮擊出那種令對手氣喘吁吁的球路。他之所以做得到，是因為在最重要的部分，也就是他的內心，是自由的。

其他球員總是能隨心所欲地慶祝、發飆、對裁判和選手怒目而視，卻無法像艾許一樣，應付高壓比賽的壓力。他們常誤以為艾許沒有人性、自我壓抑。雖然一般來說，情緒的確需要一個出口，但艾許選擇將他的情緒用在提升爆發速度、扣殺及切球上。他在網球場上恣意縱橫的模樣，完全看不出他其實正在用淡漠而慎重的態度，控制自己的情緒。

逆境可以讓你變得麻木，但假如你願意，它也可以讓你變得更放鬆、變得更好。正如許多黑人運動員所做的，艾許的做法就是將逆境重新命名及定義。舉例來說，拳擊手喬．路易斯深深明白，那些抱持種族主義的白人拳擊迷，是不可能容忍情緒化的黑人拳擊手的，所以他就將所有的情感轉化為一張鋼鐵般冷漠的表情。他以看似毫無人性的態度威嚇對手，因此得到了「拳擊機器人」的稱號。在拳擊場上，他把不利的局面轉變成令人意想不到的優勢。

我們都有必須面對的限制，包括許多不願意卻還是不得不遵守的社會規範，像是服儀規定、禮節、程序、法律義務和公司層級等，這些都在告訴我們該如何行事才是得體的。我們太過在意這些，就會開始感到壓迫，甚至窒息；但若是不夠小心，又會表現失常。

與其放任自己沉溺於挫敗感，不如善加利用它。挫折可以驅使我們行動，使我們變得與原本的性情不同，在放鬆與無懼時讓我們變得更好、更強大。當其他人還在墨守成規，我們已經悄悄地繞過這些規範，把它們轉化成有利於自己的情勢。就像水一樣，當我們建造堤壩來攔水時，水不會停滯不動。相反地，它的能量會被儲存和利用，而供應整座城市電力的發電廠就會以此作為動力。

盧維杜爾（Toussaint Louverture）是出身奴隸的海地將軍。他讓敵對的法國人十分頭疼，以至於他們曾如此評論道：「這個人總是不斷找到突破的機會。」他神出鬼沒、難以控制，所以被賦予了盧維杜爾這個姓氏，意思是打破僵局的人。這也很合理，因為他人生中的一切處處是障礙，但他卻能盡力將這些經歷轉化成機會。至於他碰到的是軍隊、政治、山嶽還是拿破崙本人，又有什麼差別呢？

但我們一遇上簡報用的投影機壞掉，就覺得自己好像要崩潰了，而不是把它擺到一邊，不看筆記就能發表一場精彩的演說。我們在同事間散播流言蜚語，而不是用鍵盤敲出一些有建設性的內容。我們發洩情緒，而不是付諸實行。

想像一名運動員泰然自若、全神貫注或是百戰百勝時，就算眼前有無法逾越的障礙，也都會在這種輕鬆自如的狀態下消失無蹤。龐大的失分被迅速扭轉，每次傳球或射籃也都精準無誤，疲勞感消逝殆盡。這些運動員可能腳步會被絆住，卻沒人能阻止他們朝目標邁進。外部因素或許會影響前進的道途，但不會改變他們的方向——勇往直前。倘若我們在生活中，已經學會用優雅、靈活有力的身段來行事，又怎麼可能被挫折擊垮呢？

身心同時放鬆並不需要天賦，那只是輕率的作為而已。我們要做的不只是行動，還得是正確的行動。那麼，身心都緊繃呢？那叫做焦慮，同樣行不通，最終只會導致崩潰。只有身體放鬆結合心理的克制，才是強大力量之所在。

這樣的力量可以把競爭者逼瘋，好像我們故意在玩弄他們。彷彿我們根本不費吹灰之力，對這個世界的干擾毫不在意，對外界的壓力和通往目標的限制免疫一樣。這種狀態會令我們的對手抓狂，因為我們看起來是如此地雍容自在。

把握主動權

最優秀的人不是等待機會的人，而是那些懂得把握機會、征服機會，並讓機會成為自己奴僕的人。

——美國基督教領袖E．H．查平（E. H. Chapin）

二〇〇八年春季，歐巴馬的總統選情面臨前所未有的危機。他的牧師發表了與種族分裂有關的煽動性言論，成為競選活動的絆腳石。在初選的關鍵時期，這樁醜聞威脅著歐巴馬在黑人與白人選民之間建立的薄弱聯繫。

種族、宗教、人口統計等爭議性因素交織在一起，可說是政治競選中的大災難。大多數候選人恐怕都沒辦法從這樣的政治災難中全身而退，他們會因恐懼而陷入僵局，遲遲無法採取行動。他們的典型反應就是躲藏閃避、置之不理、模糊焦點或保持距離。

無論大家對歐巴馬的政治作為有何看法，都無法否認接下來發生的事。他成功將競選中最低迷時刻，轉化成一場出其不意的攻勢。他排除眾議、違反慣例，決定採取行動，並將這個負面情勢轉化成一場機會教育。歐巴馬利用圍繞此爭議的大量關注，對全體美國人直接談論種族分裂的議題。

這場演講如今稱為〈更完美的聯邦〉（*A More Perfect Union*），開啟了一個具有轉變意義的時刻。歐巴馬並沒有拉開與人民的距離，而是透過演說來傳達他的想法。這麼做不僅化解了潛在的致命爭議，同時也創造了一個機會，讓他能站上選舉的制高點。在吸取了負面情勢的力量之後，他的選情立刻氣勢如虹，讓他順勢問鼎白宮。

如果你認為，只要充分利用生命中出現的機會就夠了，那麼你將永遠達不到頂尖的高度，因為任何有覺察能力的人都辦得到。你該做的是，當周遭的人都只看得到災難時，你還能奮勇向前。我們正是要在情勢不佳的時候，跌破眾人眼鏡，迅速行動並出奇制勝。當他人為挫折所困時，我們可以用不同的眼光看待這一刻，並做出相應的行動。

歐巴馬的顧問伊曼紐爾曾給過一個優秀的戰略建議，讓我們先不談政治，來看看他怎麼說：「我們絕不要讓一場嚴重的危機白白浪費掉。那些我們已經推遲太久的長期問題，現在已經迫在眉睫，必須馬上處理。危機就是轉機，以前做不到的事，現在我們可以去做。」如果你回顧一下歷史，就會發現，有些偉大的領袖會利用令人震驚或負面的事件，來推動迫切需要的改革，否則這些改革可能很難會有過關的一天。

我們也可以把同樣的道理應用在生活之中。你可能經常在計畫一些事情，比如寫一部劇本、旅行、創業、接觸某位明師、發起一場運動等等。但這個時候，發生了某件事情擾亂你的人生，比如經歷失敗、一場事故或悲劇。**那就好好利用它吧！**

也許你正躺在床上，等待身體康復，那就表示你有時間寫作了；也許你的情緒非常沉重、痛苦，那就正好拿來當作題材。工作丟了、感情沒了？真是糟糕！但現在你就可以毫無顧忌地雲遊四海了。遇上了什麼問題？那就正好有理由可以拜訪明師，向對方請教了。抓緊這個時刻，把腦中閒置已久的計畫好好實現。每種化學反應都需要催化劑，就讓危機成為你的催化劑。

一般人都會迴避負面狀況，盡可能避開麻煩，就像他們對待失敗的態度一樣。但優秀的人正好相反，他們反而是在這些情況下會有最佳的表現。他們會將個人的悲劇或不幸、幾乎可說是所有的事情，都轉化成自己的優勢。

但若危機出現在你眼前呢？你只會為自己抱屈、感到疲憊或失望。你忘了一件事，那就是生命總會隨著大膽的人加速前進，並且給勇敢的人更多機會。我們時常抱怨自己得不到機會，但其實機會一直都在。

在我們短暫生命中的某些時刻，可能會面對巨大的考驗，通常這些考驗都相當令人沮喪、不幸且不公，而且似乎總是在我們最不希望它們發生時冒出來。問題在於，我們是將它視作單純的負面事件，還是能克服它所帶來的一切困難與逆境，並且藉機發起攻勢？或者更確切地說，我們能否將這個「問題」當作一個機會，將之視為我們等待已久的解決之道？如果你不抓住這個機會，那就是你的問題了。

拿破崙曾用簡單的話語詮釋戰爭：兩支軍隊就像兩個彼此抗衡、相互威嚇的人。當雙方發生衝突時，會有某個瞬間特別恐慌，而優秀的指揮官就會利用那個瞬間，將局勢扭轉，化為己用。例如，隆美爾將軍就是以精準的第六感聞名，他善於察覺戰役中的決勝點，即便是在雙方激烈交戰的時刻，他的感覺也往往非常準確，能夠清楚知道什麼時候才是展開攻勢的最佳時機。這就是他能一再地出乎眾人意料、從失敗的關口險勝的原因。

當其他人只能看到災難，或者最多只看到戰役中的噪音與沙土時，隆美爾將軍卻能察覺機遇。他說：「命運賦予了我察覺敵人弱點的能力。」根據這樣的感覺，他就能全力進攻，掌握節奏，永不放棄。

偉大的指揮官會尋找決勝點，因為必須藉由決勝點帶來的爆發性能量，才能打破僵局。他們不斷進逼，而後在情勢看似無望或僵持不下時，他們又會再次往前推進。

就像人生一樣，在許多的戰役裡，兩股抗衡的力量總會有相互耗竭的一刻。能夠把勝利抱回家的人，就是那個能在長時間戰鬥後的第二天早上，起身說「我此時此地就要把他們一舉擊潰」的人。他不會選擇撤退，而是會漂亮地贏得勝利。

這就是歐巴馬所做的事。即使面對長時間競爭激烈的初選，他也不會逃避或因筋疲力盡而讓步。他在最後一刻重整旗鼓，超越挑戰並將問題重新定義，最終取得勝利。他將一場危機事件轉化成「有教育意義的時刻」，並藉此發表了史上最深刻的種族議題演說之一。障礙不但被顛覆，還成為迎向勝利的彈射器。

為「怎麼做都無效」做好準備

牢記以下原則：不要屈服於逆境，不要把成功當一回事，並且始終都要留意，命運往往是為所欲為的。

——古羅馬哲學家塞內卡

認知可以控管，行動可以導正。我們可以保持清晰地思考，並且以富有創意的方式回應，也能尋找機會，把握主動權。但我們辦不到的，是控制周遭的世界，至少是沒辦法達到我們希望的程度。我們或許能對事物有所覺察，然後正確行動，但依然有可能會失敗。

這時候，你可以這樣想：沒有任何事物能阻止我們嘗試。永遠沒有。儘管我們已經付出所有的創意和決心，但仍有些障礙是怎樣都無法克服的。我們會發現有些行動就是無效，有些路就是行不通，有些事情就是超乎我們的想像。

但這不見得是壞事，因為我們也可以將障礙翻轉過來，把它當作是修練美德或技能的機會，就算只是學習接受壞事的發生或練習謙卑也好。

這就好比一條極具彈性的公式：在各種情況下，擋住去路的障礙，其實也提供了一條新的道路，讓我們有機會成為更好的自己。如果你愛的人傷害了你，那麼你就有機會練習寬恕。如果你的事業失敗了，那此刻你就能練習接受。如果你已經無法為自己做更多事，至少你可以試著幫助他人。

正如美國爵士樂作曲家艾靈頓公爵曾說過的：每次遇到問題，都是我們拿出最佳表現的良機。我們該做的就是盡力而為，把不可能變成可能。我們要有冒險和試錯的意願，做好最終有可能怎樣都行不通的心理準備。

任何追求目標的人都會一再面臨這種情況。有時，無論我們再怎樣費盡心思計畫、再怎樣絞盡腦汁思考、再怎樣努力嘗試或堅持不懈，都沒辦法改變有些事情就是不會成功的事實。

這個世界不需要更多的烈士。做事情當竭盡所能，全力以赴，無論結果如何，都要能立刻接受，並馬不停蹄地繼續往下一個目標邁進。

你是這樣的人嗎？我相信你可以的。

PART

03

意志

W I L L

什麼是意志？意志是我們內在的力量，永遠不會因外界的影響而改變，可說是我們最後的王牌。如果行動指的是我們對自己的處境仍有動力時，可以做的事情，那麼意志指的就是當我們失去所有動能時，必須依靠的力量。當情況似乎已經無法改變，負面的處境已成定局的時候，我們還是可以將其轉化成學習的經驗，一個可以練習謙卑的經歷，一個給予他人安慰的機會。這就是意志的力量。但意志是需要培養的。我們必須為逆境和動盪做好準備，學會默然接受的藝術，即便在最黑暗的時期也要保持笑容。常有人以為意志指的是我們有多渴望某件事物，但事實上，意志很多時候都是跟讓步有關，而不是蠻幹。我們可以抱持著「天意如此」的心態，而不是「無論如何都想贏」或「用意志力迫使某事發生」，因為就算是有這樣的特質，也有可能潰敗。真正的意志是謙和、韌性和靈活性，除此之外的意志都只是虛張聲勢和被野心掩飾的軟弱。只要看看在艱困的處境下，哪種意志能更持久就知道了。

意志的修練

林肯總統如今儼然成為傳奇人物，以至於多數人都不知道，他其實一生都在與沉重的憂鬱症搏鬥。他的憂鬱症狀常使他虛弱無力，造成巨大的打擊，甚至有兩度差點自殺。

我們在回憶林肯的時候，比較傾向於記得他對笑話與低俗幽默的愛好，但這跟他在黑暗時期生活的模樣卻正好相反。雖然有輕鬆、愉悅的一面，但他也飽受強烈的鬱悶、孤立和痛苦情緒所折磨，他的內心深處，經常都要承受難以負荷的沉重負擔。

林肯的一生都在忍受並不斷超越重大的困境。他在貧困的鄉間長大，從小就沒了母親，靠著自學苦讀法律。年輕時失去了心愛的女人，而後在一個小鎮當律師，並在從政之路上歷經多次選舉失利。他還得獨自忍受憂鬱症之苦，這種病在當時很少有人理解，也沒有人將之視為醫學上的疾病。面對重重阻礙，林肯總是以熱切而豁達的心態，展露笑容，用溫和的耐心化解困難。

林肯的個人經歷實在太過困苦，致使他開始相信也許這些難關是天注定的，尤其憂鬱症是為了讓他成就偉大事業的一種特殊體驗。他學著忍受一切痛苦，用言詞闡釋他的苦難，並從困境中發現好處及意義。了解這一點，才能了解林肯的偉大。

在林肯政治生涯的大部分時間裡，奴隸制度就如籠罩著整個國家的一片烏雲，預示著一場風暴即將上演。有人倉皇出逃，有人無奈認命，有人成為它的辯護者，但多數人都認為聯邦可能陷入永久分裂，甚至對某些人而言這就是世界末日。

然而林肯從個人經歷中培養出的特質，卻正好是領導一個國家度過漫長考驗所需的。他與其他政治家不同，不受小打小鬧或干擾所動，不會過度樂觀，也不會像他人一樣心懷怨恨。他親身經歷過苦難，因而有足夠的慈悲心去安撫他人的苦難。他相當有耐心，因為知道處理困難的事情需要時間。最重要的是，比起個人的苦難，他還有更遠大的目標，而他也能從這個目標中，找到意義和寬慰。

美國需要一位目標宏大而堅定的領袖，而林肯正是這樣的領袖。他雖然是一位政治新秀，卻有著無與倫比的意志與耐心。他常說自己曾撐過「嚴峻的經歷」，這些磨難也孕育出他的個人特質，造就了他那非凡的能力，引領國家度過最痛苦艱難的考驗，也就是美國南北戰爭。

儘管林肯足智多謀、雄心萬丈、聰明過人，但他真正厲害的地方在於他的意志：他能在不陷入絕望的情況下，接受艱鉅的任務、能兼具風趣幽默與極端嚴肅、能利用自己的親身經歷來教導與幫助他人、能超越外在的喧囂，從哲學的角度看待政治。「一切都會過去」是林肯最愛的一句諺語，他曾說這句話在任何處境下都適用。

為了對抗憂鬱症，林肯在心中建立起堅強的堡壘，讓他可以隨時做好準備。到了一八六一年，這座堡壘再度給了他力量，讓他能忍受並撐過即將開始的戰爭。歷經四年，這場腥風血雨的戰爭變得愈加殘暴。林肯本想阻止這場戰爭爆發，但後來他只想正正當當地努力取得勝利，並且以「不對任何人抱持惡意」的態度結束這場戰爭。在林肯餘下的最後幾天，與他同在一起的海軍上將大衛．波特形容林肯「似乎只想著他還有個不愉快的任務要執行」，並致力於「盡可能順利地將它完成」。

我們應該要覺得自己很幸運，永遠不必經歷這樣的考驗，也不需要像林肯一樣，不得不從個人的苦難中尋求力量來克服困境，但我們確實可以、也應該要學習他的沉著和勇氣。

無論是在政治界還是生活中，保持冷靜和付出行動未必足以應付所有狀況。有些障礙不是彈指之間就能解決，或是靠一些新奇的方法就能輕易克服。人不一定總是能消除世上的大惡，或是阻止國家走向衝突。當然，我們會先嘗試，因為有成功的機會，但我們也要做好失敗的心理準備。我們要在苦難中找到更大的目標，用堅忍的態度面對它。

林肯的特點就是，他隨時都有好點子或新方法，像是在桑特堡的要塞遭受圍攻時，派遣補給船而非增援部隊，或是抓住北軍於安提頓戰役取得勝利的時機點，發表《解放奴隸宣言》，使其獲得有力的支持。他同時也會為最壞的情況做好準備，並從最壞的情況中獲得最佳結果。

領導者必須具備決心與能量，而且有時領導者為了要忍受某些情況，必須積聚這股堅定的能量，以便在艱困時期為自己提供力量。正是因為林肯經歷過困苦，努力撐過並學會怎樣應對自己人生中的磨難，才有辦法成為優秀的領導者，將國家、目標與努力結合在一起。

意志就是最後的修練之道。如果認知和行動是身體和心理的修練，那麼意志就是心靈和靈魂的修練。意志是唯一我們能完全控制的事物，而且永遠如此。就算已經試著減少有害的認知，並將全部精力付諸行動，這些嘗試仍有可能受到阻礙或限制。但意志不一樣，因為它存在於我們的內心。

意志代表著堅毅與智慧，不僅與特定的障礙有關，也關乎生命本身，以及我們該把障礙放在生命中的哪個位置。意志能給予我們終極的力量，讓我們從無法輕易克服的障礙中，學會忍受、理解脈絡並找到意義，而這正好也是翻轉不可能的方式。

即便是與林肯同時代的人，也會對他的冷靜、莊重與慈悲心感到驚嘆。如今，這樣的特質更顯得超凡脫俗。他的與眾不同之處在於他對自身職責的理解，能超越令人頹喪的激烈分歧，彷彿他是來自另一個星球。

某種程度上來說，他確實如此。或至少在他的內心深處，有某個天涯海角是他曾親身造訪，卻無人可以企及之處。套句古羅馬詩人維吉爾的話，林肯確實從苦難的經歷中學會「安慰那些同樣受苦的人」。這同樣也是意志的一部分——顧慮他人的處境、為無法避免的困境做好萬全準備、用笑容和同情心面對命運。

林肯的話語之所以能觸動人心，是因為那是出自於他的肺腑之言，是因為他曾體會過那種讓人想把自己封閉起來的經驗。他把個人的苦痛化為一場優勢。

林肯是個堅強果斷的領袖，但他同時也體現了斯多葛學派的箴言「sustine et abstine」，即容忍和節制。承認苦痛，但也要堅定地執行任務。就算戰爭的時間拉長，林肯依然會引領人民度過困境；就算北軍在內戰中失敗，他也知道自己已竭盡所能追求勝利。更重要的是，就算他被打敗，也會做好承擔後果的準備，用尊嚴、力量和勇氣去面對。無論是否得勝，他都能為他人樹立最好的榜樣。

隨著現代科技的進步，我們產生了一種自大的妄想，認為自己可以掌控周遭的世界。我們深信，自己現在終於可以掌握原本不可控的事物了。當然，事實並非如此，我們很可能永遠無法擺脫人生中不愉快、不可測的部分。只要回顧歷史，就知道這個世界毫無規則可言，既殘酷又可怕，隨時都有令人費解的事情發生。

人生中的某些事情會像利刃一般把你割開。當你被揭露的那一刻來臨時，這個世界將瞥見你內心的真實樣貌。那麼，當你被緊張與壓力劃開時，會顯露出什麼呢？鋼鐵般的意志？裝腔作勢？還是只會空口說白話？

意志是至關重要的第三項修練。我們可以思考、行動，最終適應這個變幻莫測的世界。意志可以幫助我們做好準備，保護我們免受這個世界的威脅。就算世事無常，我們依然能成長茁壯、保持愉悅。意志也是所有修練中最難的一項。當其他人陷於混亂之中時，意志能讓我們堅定不移；無論處於怎樣的情境，都能保有自信及冷靜，隨時可以上陣。就算難以想像的不利情況發生，就算我們最大的惡夢成真，都能夠願意繼續前進。

比起放棄控制他人或事件的欲望，控制自己的認知和情緒相對比較容易。努力不懈、持續往前，比忍受不適或痛苦容易。思考和行動比修練智慧容易。

這些課題雖然很難，但這是我們最終能從逆境取得優勢的關鍵所在。無論面對什麼情況，我們永遠都可以：

- 為更惡劣的情況做好準備
- 接受我們無法改變的事情
- 不要期望過高
- 堅持不懈
- 學會熱愛自己的命運，以及發生的一切
- 保護內在的自我，專注於內心世界
- 投身於更遠大的目的
- 提醒自己，人終有一死

最後，隨時準備好再來一回。

建立內在堡壘

你在患難之日若膽怯，你的力量就微小。
——舊約《聖經》箴言第二十四章十節

十二歲以前，老羅斯福總統幾乎每天都在與嚴重的氣喘病奮戰。儘管出身顯赫，生命卻岌岌可危，幾乎每晚氣喘發作都有可能喪命。身型高瘦而虛弱的他，稍一勞動就身心交瘁，不得不臥床數周。

某天他的父親走進他房間，講了足以改變這個男孩一生的話：「狄奥多，你頭腦很好，但身體不夠強健。我已經幫你準備了一些鍛鍊體魄的工具，這雖然是件苦差事，但我認為你有足夠的決心，一定可以辦得到。」

你可能會認為，對於一個出身望族、家境富裕又體弱多病的孩童來說，講這些話可能沒什麼用，但根據老羅斯福總統的妹妹親眼所見，事實並非如此。他展現出那種日後會成為他招牌特色的樂觀與毅力，看著父親並果斷地回覆道：「我會好好鍛鍊我的身體。」

他的父親在家裡二樓門廊打造了一座健身房。接下來長達五年的時間，年輕的老羅斯福每天都努力強身健體，慢慢訓練肌肉，增強上半身的力量以對付虛弱的肺部，好為未來打下基礎。等到二十歲出頭時，他與氣喘的戰鬥就已經差不多結束，虛弱感已不復存在。

透過體格的鍛鍊，這個虛弱卻聰慧的年輕人已做足準備，來面對美國和這個世界即將踏上的獨特而充滿挑戰性的旅程。這就是準備好並實現他所稱的「奮鬥不懈的人生」的起始點。

對老羅斯福來說，生命充滿了各種挑戰：他接連失去妻子和母親，面對強大頑固、對他的改革方案不屑一顧的政敵，選舉遭受挫敗，國家捲入海外戰爭，甚至還差點遭到暗殺。但因為他在早年階段曾持之以恆地每日鍛鍊，因此有辦法應對這一切。

你是否也做好準備了呢？如果情況突然變糟，你真的有辦法應對自如嗎？我們總是把自己的脆弱視為理所當然，認為出生時就已經注定了我們的樣子，劣勢永遠無法改變。然後我們就退縮了。但對於人生的難題來說，這未必是最佳解方。

不是所有人都乖順接受自己人生的起跑點處在不利的位置，他們會透過運動來強健身體，積極打造良好生活，為艱難的旅程做好準備。他們會希望自己沒有遇到這種事嗎？當然。但無論如何，他們都已經整裝待發。

你是這樣的人嗎？

沒有人天生就有鋼鐵般的筋骨，我們必須為自己鍛造。透過活動身體，我們可以鍛鍊自己的精神力量，而心智的訓練則可以讓體格更健壯。這就是古羅馬拉丁文諺語所說的：有強壯的體魄，才有健全的心靈。

這種方法可以追溯自古代哲學家，他們所發展的一切哲學觀念都是為了要重塑、準備和鞏固好自己，以應對未來的挑戰。很多人把自己視為精神上的運動員，畢竟大腦跟其他活動的組織一樣，也是由肌肉組成，只要有適當的運動，就能變得更強健。漸漸地，肌肉記憶會成長到一定程度，讓他們能直覺地應對各種狀況，尤其是障礙。

曾有人說，猶太人長期以來失去穩定的家園，聖殿遭摧毀，人民流落四方，迫使他們不得不在心智上而非實質上重建自己的力量。聖殿變成一個形而上的存在，蟄居於每個信徒的心中。即便他們流散世界各處，受到種族迫害，面臨各種難關，他們依然能從中汲取力量和安全感。

猶太人逾越節禮儀手冊《哈加達》有句話這麼說：「每個世代的人都有責任將自己視為走出埃及的那個人。」在逾越節晚餐期間，菜色是苦菜與稱作「苦難之餅」的無酵餅。為什麼呢？某種程度上，這是象徵著支撐幾代猶太人的堅毅精神。儀式不僅是要慶祝、紀念猶太人傳統，也是為了要讓宴會的參與者能夠感受並擁有那份推動他們持續前進的力量。

這與斯多葛學派所謂的「內在堡壘」雷同，意思是我們的內在有一座堡壘，任何外界的災禍都無法將之擊垮。但必須注意的是，這並不是天生的，而是必須自行打造並積極強化。日子平順的時候，我們可以鍛鍊心智及身體，這樣到了艱困的時刻才有得依靠。要先保護好內在的堡壘，它才能保護我們。

對老羅斯福而言，人生就像一座競技場，而他是其中的角鬥士。為了生存，他必須夠強壯、有韌性、無所畏懼，隨時準備好應對一切。他願意冒著極大的個人風險，付出非常多精力來培養這種堅韌的特性。

與其試圖改變對你的生存漠不關心的世界，不如努力讓自己變得更堅強，這樣你才能擁有更多的好運。無論我們是像老羅斯福那樣天生體弱多病，還是當前的生活很順遂，都應該要為艱難的處境做好準備。我們在面對生活中的挑戰和困難時，都處在跟老羅斯福一樣的境地。

沒有人天生就是角鬥士，沒有人天生就擁有內在堡壘。如果我們想要排除可能出現的障礙，並取得成功，就必須努力打造強大的意志。成為某方面的佼佼者需要練習，克服障礙與逆境也不例外。雖然坐下來享受輕鬆愜意的現代生活比較容易，但做好準備的好處在於，當某個人事物突然搗亂我們的計畫時，才不會輕易就失去一切，尤其是理智。

根據我的觀察，強化拱門的方法就是在上面加壓，讓石塊緊密貼合，唯有藉擠壓才能讓拱門更牢靠。雖然講到這邊已經像是陳腔濫調，但這其實是個很好的比喻。挑太好走的路走，學不到什麼。我們不能一碰到威脅就畏畏縮縮，或是把軟弱視為理所當然。

你能忍受孤獨嗎？如有必要，你有足夠的力量再戰幾回合嗎？你能接受挑戰嗎？不確定性會讓你感到困擾嗎？壓力對你而言是什麼感覺？你總有一天會碰上這些問題，沒有人知道何時發生、如何發生，但必然會發生。生命會要求你給出答案。如果你想過充實的人生，最好現在就把自己預備好，以應付未來的一切。

意志就是你的盔甲，雖然沒辦法永遠讓你立於不敗之地，但可以幫助你，為隨時可能發生的變故做好準備。

負面觀想

妄立誓則禍近。

——古希臘德爾菲神廟的古老銘文

一名執行長在重要的新計畫開始前夕，召集員工進會議室。他們魚貫而入，圍著桌子坐下。執行長宣佈會議開始後的第一句話便說道：「我有個壞消息，計畫澈底失敗了，誰能說說哪裡出了問題？」員工心想：「什麼？但我們連開始都還沒開始呢！」

重點就在這裡。這位執行長提前進行了一場「後見之明」的練習，她使用的是心理學家蓋瑞．克萊恩所設計的一種技巧，稱作「事前驗屍法」

（premortem）。

在進行「事後驗屍」時，醫師會聚集在一起，檢驗病人意外死亡的原因，讓他們能了解並改進，以預防類似狀況再度發生。在醫學界之外，這種做法有各種不同的稱呼，像是任務匯報、離職面談、總結會議、回顧檢討等等。無論怎麼稱呼，概念都是相同的：在事情發生後再來做檢視。

「事前驗屍法」則不同，這是在事情開始之前就先預想可能發生的問題。有太多充滿雄心的計畫，最終因為可預防的原因而失敗。有太多人因為拒絕考慮到事情未必如自己所願，而沒有訂定完善的備用計畫。

事實是，我們的計畫與事態發展很少會一致，自認為應得的東西也很少能得到。我們卻不斷否認這個真相，一次次地為世事的發展感到訝異。這真的很荒謬，別再讓自己掉入陷阱了。

就這部分來說，講得最好的人莫過於拳擊手麥克．泰森。他在反思自己財富散盡、身敗名裂的日子時，告訴記者：「如果你不謙卑一點，生命就會用卑微來懲罰你。」如果我們在人生中的關鍵時刻，能有更多的人做過最壞的打算，那麼科技泡沫化、安隆公司破產案、九一一恐怖攻擊、入侵伊拉克和房市泡沫等事件，或許都可以避免。沒有人願意思考可能發生的事情，結果呢？就是一場災難。

如今，「事前驗屍法」已經在企業界愈來愈受歡迎，從新創公司、《財富》雜誌五百大企業到《哈佛商業評論》都紛紛採用。但就像所有偉大的想法一樣，這並不是什麼新創意。斯多葛學派才是真正的創始者，他們甚至還有個更好的名稱，叫做「負面觀想」。

像塞內卡這樣的斯多葛學派作家，會預先在腦海中、或寫下來審視或排演一遍他的計畫，想像可能遇上什麼樣的問題、要如何避免狀況發生。比如想像旅途中可能遇到暴風雨、船長生病、船隻遭受海盜襲擊等等。

「對於智者而言，沒有什麼事情會出乎他的意料之外。」他在寫給朋友的書信中這樣說道：「雖然事情也不見得都能如其所願，但最重要的是，他總能預料到某些事會阻礙他的計畫。」

永遠都要為可能出現的干擾做好準備，把這些干擾納入計畫之中。正如斯多葛派學者所說的，要為失敗或勝利做鋪墊。而且讓我們實話實說吧，一場愉悅的驚喜，總是比令人不悅的意外來得好多了。

萬一……

那麼我就……

萬一……

那我就改成……

萬一……

沒關係，我們還是可以……

在已經無計可施的情況下，斯多葛學派的人會把「管理期望」視為重要的練習，這是我們多數人經常做不到的。有時候對於「萬一」的唯一解答，就是：「雖然很糟，但我們會沒事的。」

我們的世界往往受制於外部因素，承諾未必總是能實現，就算付出努力，也不一定都能得到我們應得的份。我們必須要有心理準備，不是所有事情都像商學院玩的遊戲那樣簡單、直白。我們必須對周遭世界做出妥協，跟其他人相互合作。不是所有人都像自己一樣可靠（坦白說，有時候我們就是自己最大的敵人），這意味著別人很可能會犯錯，擾亂你的計畫。儘管不是每次，但很多時候都是這樣。

如果你每次都要為此大感意外，那你不僅會很痛苦，也會覺得更加難以接受，以至於無法朝第二、三、四次的嘗試前進。唯一可以確定的是，事情一定會出錯，我們只能藉由預先料想，來減輕這種狀況，因為唯一可以完全掌控的變數，就是我們自己。

普世的智慧為我們帶來以下的箴言：

- 小心暴風雨前的寧靜
- 抱最好的期望，做最壞的打算
- 最壞的情況還在後頭
- 黎明前的時刻最黑暗

也許會有人說你是個悲觀主義者。那又如何？當個掃興的人，總比因意外而措手不及來得好。我們最好能試著觀想可能發生的情況，事先偵測出計畫的弱點，藉以察覺那些不可避免的失敗，以期能適當地去應對或坦然接受。

我們不會想到厄運就覺得問題嚴重的真正原因是，我們對它所預示的結果毫不畏懼。其他人仍疏於防備時，我們已經為逆境準備好了。換言之，厄運實際上只是我們東山再起的好機會，我們就像在山區鍛鍊的跑者，能夠擊敗那些以為比賽場地會很平坦的選手。

當然，預先觀想並不會像魔法一樣把事情變容易，但我們已經為艱難的處境做好準備。因為有預先觀想，所以能理解結果可能會是什麼樣子，也知道結局往往不是那麼美好，但無論結果如何我們都能適應。對於滿盤皆輸的情況，我們已經有所準備，因此能馬上把注意力拉回到手上的任務。

你知道自己想實現某個目標，因此投入了時間、金錢和人脈，試圖想要達成。然而最糟的情況不是事情出錯，而是出錯了卻措手不及。為什麼？因為意外的失敗會很令人沮喪，被擊敗的感覺更是傷人。

但是那些已經在腦海中排演過情況出錯的人、已經預備好接受失落感的人，就不會顯得措手不及。他們有承受失敗的力量，不輕易感到灰心，也不會逃避眼前的任務，或是在面對工作時犯下錯誤。

你知道比透過想像來發展事物更好的是什麼嗎？就是在現實生活中求發展。當然，藉著想像發展事物，遠比拆除它來得有趣得多。但光是想像一切都很美好有什麼用？這只會讓你失望罷了。幻想就像身上的膠布，撕的時候才會覺得痛。

透過預先觀想，我們能有足夠的時間提高防禦力，甚至可以完全避開負面情境。我們不用擔心偏離軌道，因為回程的路線早已規劃好了。就算事情沒有按照計畫進行，也不至於一敗塗地。藉由負面觀想，我們可以忍受一切，為失敗做足準備，也為成功打好基礎。

順應的藝術

接受命運的人會得到命運的引導，抗拒命運的人會遭受命運的阻礙。

——古希臘斯多葛派哲學家克里安西斯

美國開國元勛湯瑪斯．傑佛遜生性安靜、深思熟慮、內斂寡言，據傳有言語障礙。跟其他同時代的偉大演說家，如派翠克．亨利、約翰．衛斯理等人相比，他壓根兒就不適合演說。

嚮往政治的他有兩個選擇：要麼對抗這個宿命，要麼就接受，而他選擇了後者。其他人致力於演講時，他把精力投入到寫作上，他發現這才是自己的舞台。他可以用文字清晰地表達自己的看法；透過寫作，他能發揮一己之長。

當開國元老們需要一份《獨立宣言》時，便轉向傑佛遜求助，他僅憑自己寫下的一份草案，就成了史上最重要的文件之一。

傑佛遜只是不擅長演講罷了，但這並不會使他變得渺小，因為他有自知之明，也採取了相應的行動。愛迪生也是如此，大多數的人都不知道，愛迪生其實幾乎全聾。海倫・凱勒更不用說，她是既聾且盲的身障人士。對這兩位而言，正是因為他們的感官知覺被剝奪，而他們接受事實、不心懷怨恨，使他們能發展出截然不同卻極為強大的感知能力，以適應現實。

雖然感覺不太出來，但人生中有些限制其實是件好事，尤其當我們能接受，並讓它們引導我們的時候。這些限制能促使我們前往不同的地方，發展出原本可能永遠不會追求的技能。我們會寧願擁有一切嗎？當然。但這並不是由我們決定的。

正如十八世紀英國詩人詹森博士（Dr. Samuel Johnson）曾說過的：「真正的天才，其心智是具備廣泛通才的，卻意外地走上某個特定的方向。」但這樣的想法，需要你的同意與接納；我們必須接受意外會有發生在我們身上的時候。

「但我不想就這樣放棄！我還想再繼續奮鬥！」你知道自己不是唯一一個必須接受天不從人願的人，對吧？這就是人生現實處境的一部分。如果有某個認識的人認為交通號誌都在跟他作對，我們會覺得他瘋了，但這其實就跟生命之於我們是一樣的道理。有時候它會要我們在這裡停下來、告訴我們某個路口堵住了，或是因為路線改道，而必須繞道而行。我們不能靠著爭辯或吶喊來解決問題，唯一能做的就是接受。

這並不是說，我們只能任由它阻礙我們達到最終目標，但它確實會改變我們前進的方式和旅程的長度。當醫師開給你醫囑或診斷，卻跟你的期望剛好相反時，該怎麼辦？你只能接受。你不必喜歡或享受治療的過程，但是你知道，一味否認只會讓治療的時間拖得更久。

當你已經能夠區分「哪些事能由我們決定，哪些不能」，或是發現問題的根源來自於你無法掌控的事情時，你只有一個選擇，那就是「接受」。投籃沒進、股票歸零、天氣影響出貨……請跟我說一遍：C'est la vie（法國諺語：這就是人生），沒什麼大不了的事啦。

你若是想要掌握某件事物，或利用它取得優勢，未必需要真的喜歡上它。當問題的起因不在我們身上時，最好就是接受它並繼續往前。不要再拳打腳踢、起身反抗，而是好好和它和解。斯多葛學派對於這種態度有個美麗的稱呼，叫做「順應的藝術」。

更確切地說，這並不等同於放棄，也與行動無關，因為我所說的事情是就算付諸行動也無法解決的問題。對於事態該怎樣發展，出一張嘴高談闊論並不難，難的是接受事情的真實樣貌，這需要堅韌、謙卑和意志。只有真正的勇者，才能面對事物的「必然」。

所有的外部事件對我們而言都同樣有益，因為我們可以翻轉它們並善加利用。這些事件能為我們帶來一些我們原本不願學習的教訓。

例如，二〇〇六年NBA湖人隊教練菲爾．傑克森的髖關節損傷終於到了不得不處理的地步，但手術治療之後，卻嚴重限制了他在場邊的活動。他必須坐在球員附近的特製椅子上，沒辦法像以前那樣在場邊走動，與球員互動。一開始，傑克森很擔心這會影響他的教練工作，但事實上，坐在比場邊其他板凳還要高的位置上，反而助長了他的權威。他學會了如何在沒有過去那般專橫的執教作風下，維護自己的威嚴。

但是，要得到這些意外的收穫，必須先接受意外的代價，儘管我們可能希望它從一開始就不要發生。不幸的是，我們往往因為太貪心而不願這麼做。我們本能地認為任何情況下都會很好，想著如果可以這樣該有多好，卻很少想到事情本來可能變得多糟糕。事實是，狀況永遠都可以更糟。我不是要耍嘴皮子，而是希望你下次可以想想：

錢賠光了？

別忘了，你原本差點連朋友都沒了。

失去工作？

那如果你是失去一條腿怎麼辦？

房子沒了？

你本來可能失去一切的。

然而，我們仍舊感到侷促不安，不斷抱怨自己失去了什麼，卻無法對自己所擁有的心懷感謝。

我們妄自尊大地認為自己可以改變一切，但這種想法其實是近代才有的。在當今的世界裡，我們可以在毫秒間就把文件傳送到世界各地，用高解析度的視訊與外地的任何人聊天，並且精確地預測天氣。也因此，我們很容易認為大自然已經被我們馴服了，好像我們可以輕鬆駕馭它。但事實當然並非如此。

以前的人可不是這麼想的。古人（甚至是沒有那麼古早以前的人）比我們更常使用「命運」這個詞，因為他們對於世界的變幻莫測和無常更為熟悉，也更容易受其影響。他們會把事情的發生視為「神的旨意」。命運是塑造我們人生與運數的力量，而且它的走向往往是出人意表的。

以往人們在寫信時，經常會簽上拉丁文「Deo volente」，也就是「蒙神恩准」的意思。畢竟，誰知道會發生什麼事呢？

看看華盛頓，他把一切心力都投入在美國革命上，卻說道：「事件的結果掌握在上帝手中。」或是艾森豪將軍，在盟軍入侵西西里島的戰役前夕，寫信給他的妻子說：「所有我們能想到的事都已經做了。軍隊狀況良好，上下一心，全力奮戰。至於結果如何，就要看老天了。」這並不表示他們只會聽憑別人安排，或是把事情的細節交由他人決定，而是他們知道，該發生的事終究還是會發生，他們也會依此決定下一步要怎麼走。

我們應該要有足夠的謙遜和彈性，去承認生命中難免會發生這樣的情況——我們的計畫總會因外界的人事物而有所變動，但決定權不在我們身上。正如一句諺語所說：「謀事在人，成事在天。」又或是類似以下這些說法：

- 一切都是命運的安排
- 願老天保佑，不讓壞事發生
- 天從人願
- 墨菲定律

無論你喜歡哪一種版本，道理都是一樣的。並不是說古往今來有多大的變化，他們只是比我們有更多的體會。

如果我們想將人生比喻為一場遊戲，那就要從骰子、籌碼或紙牌落下之處開始玩起。就像打高爾夫球的人常說的，球落在哪兒，你就要上哪兒繼續打。正因為人生就是這樣，你才有足夠的發揮空間，讓自己的人生不留白。接受人事物的真實樣貌，其實你已經有夠多的素材可以為人生增添色彩了。

跟隨著事件的走向，猶如從山上順流而下的滾滾流水，終究會落入谷底的，不是嗎？

你已經擁有足夠的堅強與韌性，可以應付發生的一切。而且無論如何，你也改變不了什麼。再說，你是以大局為重、著眼於更長久的未來，所以不管你必須接受的事情是什麼，對你的目標而言，那都只是一些微不足道的小波動罷了。保持中庸並不表示我們很軟弱。

就如十七世紀英國經驗主義哲學家培根曾說的，想要駕馭自然，就必須先順從它。

熱愛自己的命運

當我在衡量一個人是否偉大的時候，所用的準則就在於看他是否「熱愛自己的命運」。這樣的人想要的，與現況並無不同，既不是放眼未來，也不是緬懷過去，更不是追求永恆。不單單只是忍受必然發生的事情，或試圖掩蓋它，而是能好好去愛它。

——德國哲學家尼采

愛迪生在六十七歲時的某天，從實驗室工作完便提早回家。晚餐後不久，有個人匆匆忙忙地跑進他家，宣告了一件緊急消息：愛迪生在數英里外、從事研究和製造的院區失火了。

來自附近八個城鎮的消防車抵達現場，卻無法控制火勢。由於建築中充滿各種奇異的化學物質，導致綠色和黃色火焰竄升至六、七層樓高，眼看就要把愛迪生花了大半輩子打造的帝國全部吞噬。

愛迪生保持鎮定，迅速前往火災現場。他穿過數以百計的旁觀者和沮喪的員工，四處尋找他的兒子。「快去把你媽和她所有的朋友叫來！」他像個孩童般興奮地對兒子說：「她們之後再也沒機會看到這麼大的火勢了。」

「什麼?!」

愛迪生安撫他道：「別擔心，沒什麼問題的，我們只不過是清掉很多垃圾罷了。」雖然這樣的反應很令人吃驚，但仔細想想，當下其實也沒什麼其他的反應好選擇。愛迪生能怎麼做？哭哭啼啼？還是生氣？又或是宣告放棄，打道回府？但這樣做又有什麼意義呢？

你應該很清楚答案是什麼，這是毫無意義的，所以他沒有浪費時間自我沉溺。若想成就大事，就必須忍受悲劇和挫折，熱愛所做的事情，以及所要承擔的一切，無論好壞。我們必須學會在發生的每一件事情中，找到自身的喜悅。

當然，愛迪生的工廠裡，並不是只有微不足道的「垃圾」，那裡面有積累多年的珍貴紀錄、原型和研究成果，這些都在一時之間化為灰燼。該棟建築據說是用防火混凝土建造的，愛迪生及其投資者原以為可以抵擋這樣的大火，所以投保額度僅佔總體損失的三分之一，導致實際得到的賠償金遠遠不及其真正價值。

儘管如此，愛迪生並沒有如想像中那般悲痛欲絕，反而還大受鼓舞。隔天他告訴一位記者，他認為自己還沒老到不能重新來過。「我早已經歷過許多類似的事情，這樣人生才不會無聊嘛。」

短短三個星期內，工廠就已經有部分恢復運作。不到一個月，員工便開始進行兩班制工作，大量生產出這個世界前所未見的新產品。儘管損失了近一百萬美元（以當今幣值來算是超過兩千三百萬美元），愛迪生依舊卯足全力，在那一年賺取了近一千萬美元的收入（等同於今日的兩億多美元）。他不僅經歷了一場驚心動魄的災難，還以令人跌破眼鏡的方式重新振作並做出回應。

在我們放下期望，接受發生在我們身上的事，並且了解到某些事情（尤其是壞事）是超乎我們控制的範圍之後，下一步就是：熱愛發生的一切，自始至終都用樂觀的態度面對它。

這是一種轉化的動作，把「我們不得不做」轉變成「我們要做」。如果你想傾盡所有心力，放在真正有影響力之處，那麼這就是絕佳的位置。我們可以自問：「這是我要做的嗎？還是我得忍受的？既然都要做了，不如就歡歡喜喜地去面對吧。」

我們可以想像一下這個畫面：優秀的拳擊手傑克・強生正在與吉姆・傑弗瑞（Jim Jeffries）進行著名的十五回合對戰。傑弗瑞被視為「偉大的白人希望」，因應眾人要求而從退休中復出，企圖擊敗聲勢看漲的黑人拳王。強生儘管被對手及群眾厭惡，依舊十分享受比賽的每一分鐘。他在整場賽事中都帶著微笑，不停戲弄，彷彿在玩一場遊戲。

有何不可呢？反正其他反應也沒有任何價值。難道要因為群眾恨他，就反過來恨他們嗎？恨的苦果由他們承擔，而強生拒絕把這樣的苦果攬在自己身上。

強生並不是只會默默承受侮辱，而是利用這樣的情勢設計了他的戰術。

每當傑弗瑞的支持者傳來難聽的辱罵，他都會給對手報以一記重拳。每當傑弗瑞使出卑鄙手段或展開突襲，他都會譏刺嘲諷、反擊回去，卻從不失冷靜。就在一記精準到位的打擊劃開強生的脣部時，他依然保持微笑，是一種血淋淋但愉悅的微笑。每過一回合，他就會更開心、更友善，而他的對手卻變得更憤怒、更疲憊，乃至最終失去了戰鬥的意志。

在最糟糕的時刻，你可以想像一下強生這個人。無論別人是否希望他贏得勝利，他都平心靜氣、處之泰然，並且發自內心熱愛那些能夠證明自我、表現給人看的機會。每次對手惡言相向，都會得到應有的回報，不多也不少，等同於讓對手自掘墳墓。直到比賽結束，傑弗瑞倒在地板上，所有針對強生的質疑也都煙消雲散。

正如著名小說家傑克．倫敦在場邊記述的：

> 沒有人能理解這個人，這個掛著微笑的人。說真的，與其說這是個關於比賽的故事，不如說這是個關於微笑的故事。如果有誰能靠著令人疲累不堪的微笑贏得勝利，那就是強生。

我們就是那個人。或者更確切地說，如果努力變成像他那樣，那麼我們就可以是那個人。因為我們在自己的戰鬥中，也要面對自身的障礙，而我們可以用無止境的微笑擊垮它們，把那些試圖阻撓我們的人或障礙先行擊退。我們也可以像愛迪生一樣，工廠失火時不是去悲嘆命運，而是享受這壯觀的場景，隔天馬上復工，很快就東山再起。

你的阻礙可能沒有那麼嚴重、那麼劇烈，但它們仍舊影響深遠，而且超出你的控制範圍。對此，你所需要做出的回應只有一種，那就是微笑。

就如斯多葛學派的人對自我的要求一樣：在所有情況下，都要保持愉快，尤其是陷入困境的時候。沒人知道愛迪生和強生是從哪學到這段話的，但他們顯然有做到。

學著不對無法控制的事情暴跳如雷是一回事。淡漠與接受，肯定比失望或憤怒來得好，只有極少數人能理解並實踐這門藝術。但這只是第一步而已。比這些都更好的是，能夠去愛發生在我們身上的一切，並在所有處境下都能如此。

我們的目標，並不是「對於這件事，我覺得沒有關係」，也不是「我覺得這件事還不錯」，而是「能發生這件事實在太好了。因為這件事會發生，一定是注定的，所以我很高興它在該發生的時候發生了，我應該要善加利用這個機會」。

然後，就著手開始這麼做吧！我們沒辦法選擇發生在身上的會是什麼事情，但永遠都可以選擇自己要有怎樣的感受。你又何必選擇「感覺不錯」以外的其他感受呢？我們可以試著展現出好的那一面。如果某件事必然會發生，那就用「Amor fati」（熱愛自己的命運）來回應。

不要再浪費時間回顧最初的期望了。看向前方，帶著一抹有點得意的微笑。能夠以強生和愛迪生為表率很重要，因為他們都不是被動的人。他們並非只是輕易認輸、忍受逆境而已，而是接受發生的一切，並且真心喜歡這些事。

我可以理解，要在一開始就對不想發生的事心懷感激，是有點不自然的。但此刻我們已經知道，逆境之中蘊藏著機會和好處。我們也知道，在克服困難的過程中，我們會變得更強大、更睿智、更有力量。既然壞事無可避免，那麼就沒有什麼道理不樂觀以對，我們應該事先就這麼做，而不是事後才勉強承認這樣才是最好的。

你之所以會愛上命運，是因為它充滿了動力，而你不會光只想要動力，你是真的需要。沒有它，你哪兒都去不了，誰都一樣，所以你會對它心存感激。

這並不表示「好事」一定都凌駕於「壞事」之上，或是發生任何事都不需要付出代價。然而，壞事中一定潛藏著某些好事，即便一開始只能隱約感覺到，但我們還是能把它找出來，並為此感到開心。

百折不撓

各位，我對這項計畫非常堅定。我再重申一次，此刻，我對這項計畫的態度非常堅定。

——英國首相邱吉爾

希臘神話中的英雄奧德修斯在歷經長達十年的戰爭後，離開特洛伊，準備返回他的家鄉伊薩卡。但當時他還不知道，在前方等著的是另一段十年的漫長旅程。他明明已經離故鄉的海岸非常靠近，皇后和稚子就近在眼前的時候，他卻再度被吹離返鄉的航線。

他不知道，自己接下來還會遭遇暴風雨、各種誘惑、獨眼巨人、致命漩渦和六頭怪獸。他也不知道自己會被囚禁七年，還要承受海神波塞頓的怒火。他更不知道，在返回伊薩卡時，他的敵人正環伺左右，企圖奪走他的王國和妻子。

他是如何度過的呢？這名英雄是如何在發生這一切災難之後，成功返家的呢？要憑藉著創意，這是當然的，還有巧智、領導能力、修練及勇氣。但最重要的，是百折不撓的毅力。

我們曾經談到，格蘭特將軍在維克斯堡對岸，想盡各種辦法渡河並攻下這個地方。他靠的就是毅力。同樣的事情也發生在奧德修斯身上，他站在特洛伊的城門前，試遍所有方法，直到特洛伊木馬的策略成功。他靠的也是毅力，把一切心力投入到一個問題上，直到突破為止。

但之後迎來的，是長達十年的試煉和磨難之旅。經歷各種失望與錯誤，卻從不屈服。每天確認自己的方位，只為了離家鄉更近一步，然而真正抵達家鄉之後，又要面對一連串的新問題。鐵了心去忍受眾神所降臨的一切懲罰，帶著勇氣和執著繼續走下去，只為了返回伊薩卡。這已經不只是堅持了，這叫做百折不撓。

如果「堅持」指的是以頑強的決心解決困境，努力不懈直到突破問題，那麼很多人都可以用堅持來形容。但「百折不撓」的意義比堅持更宏大。這就有如一場漫長的比賽，你不會只打完一回合就結束，而是後續還有好幾回合的比賽，一場打完還有下一場，直到比賽終結。

人生中碰到的障礙不會只有一個，而是很多個。我們必須做到的，不是短視近利地只去關注問題的某一面，而是帶著決心，無論如何都要想辦法抵達想去的地方，沒有任何事物可以阻攔。

即便生命中有重重阻礙，我們也都會一一克服，直到完成目標。堅持是一種行動，而百折不撓則是一種意志力。前者關乎的是能量，後者關乎的是持久力。

這兩者當然是相輔相成的。丁尼生在〈尤利西斯〉中的完整詩句是這麼說的：「儘管形體被命運及時光摧殘，意志卻剛強如故。去奮鬥、去探索、去尋求，而永不屈服。」這裡講的就是堅持不懈的精神。

在人類的歷史上，無論是作為個人還是集體，都難免會碰上一些看似無窮無盡的問題，而解決的策略也很多。有時我們會用科技來解決問題，有時是透過暴力手段，有時則是用顛覆性的新思維來改變一切。

我們已經看過許多這類的例子。但總體來說，有一種策略比其他的方法都更有效，也比其他任何方法更可靠。不管情境是好是壞，是危險還是絕望，它都能發揮效用。

當麥哲倫的助手皮加費塔（Antonio Pigafetta）在環球航行期間，回想自己的老闆最偉大、最為人稱道的技能時，你猜會是什麼？答案跟航海完全沒有關係，皮加費塔表示，麥哲倫成功的祕訣在於，他比任何人都更能忍受飢餓。

在這個世界上，因為意志崩潰而失敗的人，遠比因為客觀上的決定性外部因素而失敗的人，還要來得多。百折不撓、目標堅定、再接再厲的意志，這些特質都曾是美國人獨特基因的一部分。但長時間以來，這樣的特質已經愈趨式微了。如同美國思想家愛默生在一八四一年所寫的：

如果我們的年輕人在初次創業時就遭遇失敗，他們會失去信心。如果有年輕商人破產，大家會說他的人生毀了。如果有一位頂尖人才來我們的某一個學院念書，卻在往後的一年內，沒有在波士頓或紐約的城市或郊區獲得一份工作，那麼這個人和他的朋友，就會認為他的餘生都應該會灰心喪志、終日埋怨。

想想他會怎麼說今日的我們。他又會怎麼說你呢？

我這一代的大多數人，都決定在大學畢業後搬回家與父母同住。他們的失業率是全國平均值的兩倍。根據密西根大學二〇一一年的一項研究，許多畢業生甚至不打算學開車。「路都堵住了，」他們說：「何必去考一張根本派不上用場的駕照呢？」

事情的發展不如己意時，我們哀嘆、抱怨、消沉。別人收回給予我們的「承諾」時，我們大受打擊，好像這種事不該發生似的。我們非但沒有想辦法補救，反而還待在家打電動或外出遊山玩水。甚至更糟的是，為了上更多的課，要去承擔永遠無法免除債務的學貸，然後納悶著為什麼事情沒有好轉。

我們若能好好遵循愛默生提供的反例，情況應該會好很多。不僅限於嘗試某一件事，而是「嘗試各種職業，包括趕牛車、耕作、沿街叫賣、辦學校、傳教、編輯報紙、進議會、成為大地主等等。經年不斷，像一隻從未摔過跤的貓一樣，總能以腳輕盈著地」。

這就是百折不撓。帶著這樣的精神，愛默生說：「只要能夠鍛鍊自信，新的力量必將出現。」真正做到百折不撓的好處在於，除了死亡以外，任何事物都阻止不了自己，套句貝多芬的話：「任何障礙都阻止不了充滿抱負又勤奮的人才，也不可能讓他們止步不前。」

我們可以繞道而行、從下方通過或往後倒退。前進的動力與眼前的阻撓未必是互斥的；即便我們在前往特定方向的道途中遭到阻攔，我們依舊可以持續向前挺進。

我們的行動或許會受限，但意志卻不能被束縛。我們的計畫，甚至是身體，都有可能毀壞，但我們的信念呢？無論被擊退多少次，我們都能保有再度挑戰的力量，或是換條路再試一次。不然最起碼也能接受現實，換個新目標繼續向前邁進。

只要你仔細想想，就知道決心是無人能敵的。除了死亡，沒有任何事物能阻止我們遵循邱吉爾的口頭禪：KBO（Keep Buggering On，繼續幹下去吧！）

你覺得很絕望嗎？那是你的問題。如果你想認輸，那就怪不了任何人，我們沒辦法控制障礙本身，或是製造障礙的人，但我們可以控制自己，這就夠了。也就是說，對於決心而言，最大的威脅不是發生在我們身上的事，而是我們自己。你又何必成為自己最大的敵人呢？

保持堅定，穩穩地走下去吧。

比自己更廣大的事物

人類的職責就在於盡可能讓這個世界變得更美好，同時也要照顧好自己的靈魂。但永遠記住，結果有可能微不足道。

——美國前參議員波西（LeRoy Percy）

一九六五年，美國海軍戰鬥機飛行員詹姆斯．史托克戴爾在北越遭到擊落。他從飛機上彈射出去，飄往地面的幾分鐘內，他凝思了一陣，想像著接下來等著他的會是什麼。監禁？那是一定的。拷打？很有可能。死亡？或許吧。誰知道這一切會持續多久，又或是能否再度返家、見到自己的家人。

然而在史托克戴爾落地的那一瞬間，這樣的想像便停止了。他不敢只想著自己的事，因為他還有要務在身。

十年前的韓戰期間，人們為了自我防衛，顯露出醜陋的一面。在那場戰爭中的戰俘營裡，環境嚴峻、氣候酷寒，每一位美國士兵都只把自保當作第一優先。對於死亡的恐懼激發了美國戰俘的求生本能，導致他們最終不是去對抗敵人以求生存或脫逃，而是為了保命相互打鬥，甚至彼此相殘。

當時是指揮官的史托克戴爾，意識到自己會是北越俘虜過的最高級別美國海軍戰俘。他深知命運無法改變，但身為指揮官，他可以領導同樣遭俘虜的其他戰友，給他們支持與方向。這些戰俘中，還包括未來的參議員約翰·馬侃（John McCain）。史托克戴爾可以改變處境，不讓歷史重演，這是他的使命：幫助自己的戰友，並且領導他們。接下來七年多的時間，他就是這麼做的，而其中有兩年他是被單獨監禁起來，戴著腳鐐度過。

史托克戴爾相當重視他身為指揮官的職責，甚至有一度試圖自殺，但不是想終結自己的痛苦，而是為了要向看守他的敵人表達自己的意志。戰場上的其他士兵已然犧牲了性命，他不願被利用來作為反對他們共同目標的工具，讓同袍的犧牲化為烏有，使他們蒙羞。他寧可傷害自己，也不想傷害到其他人。

他證明了一件事，那就是無論敵軍用怎樣的虐待或拷問，他都無所畏懼。

但他只是個人，也明白戰友們也是人。他所做的第一件事，就是摧毀敵軍的幻想，不讓長時間嚴刑拷打來取得情資的這種事情得逞。因此，他在戰俘營中建立了一個支持網絡，專門幫助那些在壓力之下崩潰而感到羞慚的士兵。他告訴他們「我們會一起面對」，還創造了一個暗號提醒他們：U. S.（Unity over Self，團結勝於自我）。

獨自囚禁在附近牢房裡的約翰．馬侃，基本上也是以同樣的方式回應。他之所以能撐過難以言喻的折磨，原因也是一樣的。越共為了要破壞馬侃軍事家族的威望、損毀美國聲譽，一再提供馬侃機會，讓他能獲釋返家，但他斷然拒絕。他不願為了自身利益而危害總體目標，所以選擇留下來繼續忍受折磨。

這兩個人並不是好戰的狂熱分子，他們實際上對越戰是有自己的疑慮的。但他們真正在乎的，是一樣被監禁的同袍。因為他們把戰友的福祉看得比自己還要重要，所以能從中獲得巨大的力量。

雖然我們可以慶幸自己不至於在近期內就身處戰俘營中，但如今我們面對的經濟情勢也確實很艱困，有時甚至會讓人倍感絕望。

你還年輕，這個狀況不是你造成的，不是你的錯。我們都一樣為此受害。這樣的狀況很容易讓我們喪失自我，更別說是對他人感同身受。我們甚至有可能私底下想著：我才不在乎別人，我只想在還來得及之前先得到我想要的。特別是當你所屬的社群領袖在緊要關頭對你清楚表明，他們對你的看法就是這樣。但是，你不用管他們怎麼想，愈是在這樣的時刻，我們愈要展現內在真正的意志力。

幾年前的金融危機爆發期間，藝術家兼音樂人亨利·羅林斯（Henry Rollins）對於人類義務有非常深刻的描述，講得甚至比數千年來的宗教教義還要來得好：

> 人們變得有些絕望。人們或許不會對你展現出最好的一面，但你絕不能自降身分，變成一個自己也不喜歡的人。此刻就是展現公民道德骨氣的最佳時機，將公民道德視作往前邁進的方向。對身為年輕人的你而言，這是展現英勇的大好機會。

這並不表示你必須為了信念而承受折磨。你可以想想，當我們專注在幫助他人，或是成為他人的榜樣時，我們自身的恐懼和困難就會減輕。一旦恐懼與悲嘆不再是我們關注的焦點，我們就不會浪費時間在那上面。擁有共同的目標，能使我們變得更強大。

一旦考慮到我們的決定有可能影響到他人時，想放棄或在道德原則上妥協，就會驟然顯得很自私。雖然障礙有可能引發各種反應，諸如無聊、憎恨、沮喪或困惑等等，但你自己有這些感受，不代表其他人也都會有。

有時候，我們陷入棘手或難以對付的問題時，創造機會或另闢蹊徑的最佳方法之一就是思考：「如果我沒辦法為自己解決這個問題，至少該怎麼做才能為別人改善現狀？」有時我們就是得承認已經沒辦法再為自己多做點什麼。那麼要如何利用這種情勢去造福他人呢？要如何才能從中挽回一些好處？就算不是為了自己，至少也可以為了家人、領導的對象或未來可能遭遇類似處境的人。

如果一切都只想到自己，那就對任何人都沒有幫助。若能得出利他的結論，你會驚訝地發現，有多少絕望感就此憑空消失了。因為現在我們有事情可做，就像史托克戴爾一樣，有使命在身。當雙眼被徒勞感的眩目光芒蒙蔽時，我們仍舊會依循著前進的指令，知道自己還有任務必須完成。

不要再一味地只想到我、我、我，並為此拖累自己。不要再把那個危險的「我」字放在事情前面：「我」做了這件事、「我」真聰明、「我」擁有那個東西、「我」值得更好的……難怪你會把失敗視為個人的問題，難怪你會覺得這麼孤獨。你太把自己的角色和重要性當一回事了。

你要開始這麼想：團結勝於自我，我們會一起面對。就算沒辦法一路扛著重物，也要嘗試舉起沉重的那一端。為他人效勞，藉由幫助他人來幫助自己。我們會因此變得更好，也更有目標。

無論你正在經歷什麼，無論使你感到沮喪或阻礙著你的是什麼，只要能考慮到他人，而不是只想著自己，你都能把難關轉換成力量。你不會有時間想著自己的痛苦，因為還有其他人在受苦，而你會把所有的心神都放在他們身上。

自尊有可能受打擊，堅韌也有其極限，但是對助人的渴望呢？現實再嚴酷、再匱乏、再辛苦，都無法阻撓我們對他人展現同理心。慈悲是一種選擇，同袍情誼也是。這是一種意志的力量，永遠無法被拿走，只能被主動放棄。

別再自認為經歷過的事情有多特別、多不公。不管你遭遇到什麼問題、不管這件事有多困難，災難都不是專為你而設的。事情就是這樣。

短視近利會讓我們自以為是宇宙的中心，從而傷了自己。事實上，在我們個人經驗之外，還有一個世界是充滿了過得比我們更艱苦的人。我們不會僅因為存在，就顯得比較特別或獨一無二。在人生中的不同時期，我們都有可能成為事件的主角，而這些事件往往是隨機且難以理解的。只要提醒自己這一點，就會是使自己變得更無私的另一種方式。

永遠記住，十年前、百年前、千年前，有個和你一樣的人，就站在你所處的位置，跟你有同樣的感覺，掙扎於相似的念頭。他們不知道你的存在，但你知道他們存在過。距今一世紀以後，又會有某個人和你處在相同的位置。

擁抱這種力量，這種身處於廣大整體的感覺。這種想法令人振奮，讓它包圍你吧！我們都只是人，盡力做我們所能做的，就只是努力地存活著，並在這個過程中，把世界推進一小步。

幫助你的同胞，讓他們能成長茁壯、安然度過艱難。在宇宙吞噬你之前，為它貢獻一點心力，並為此感到滿足。對他人伸出援手，為了他們而堅強起來，這也會讓你變得更堅強。

默想人終有一死

當一個人知道自己兩星期後要接受絞刑，他就會一心都放在這件事情上，因而變得異常專注。

——英國詩人詹森博士

一五六九年末，一位名叫米歇爾・德・蒙田（Michel de Montaigne）的法國貴族，從疾馳的馬匹上摔下，因看似明顯死亡而沒有進行救治。蒙田的朋友們把他綿軟無力、血跡斑斑的身軀搬運回家時，他看著自己的生命從肉體中悄然消逝，整個過程不是劇烈的痛苦，反而比較像是舞動的靈魂輕盈地在「他的脣尖」上跳舞。若不是到了最後一刻，不然他還真不想回來。

這段絕妙而不尋常的經歷，是蒙田一生的轉捩點。不到幾年的時間，他便成了歐洲最著名的作家之一。在意外事件發生之後，蒙田陸續書寫了大量的散文，作品廣受歡迎。他還擔任過兩屆市長、以顯貴的身分周遊各國，並成為國王的心腹知己。

這是個老掉牙的故事了。一個人在瀕臨死亡的那一刻，重新回顧自己的人生，並從這個經歷中脫胎換骨，成為一個更好的人。

蒙田的故事正是如此。曾與死亡靠得這麼近的經歷激勵了他，使他變成一個充滿好奇心的人。死亡不再是一件令人害怕的事物，面對死亡反而是一種解脫，甚至是一種鼓舞。死亡並不會讓生命變得毫無意義，剛好相反，它能讓生命變得充滿意義，而且幸運的是，我們不需要接近死亡才能激發這種能量。

我們從蒙田的散文中，能夠看到這樣的一個明證：人可以默想自己的死去，充分意識到自己的生命是有限的，但又不至於變得病態或消極。事實上，他的經歷使他與自己的存在產生了一種獨特、值得玩味的關係，並且從那一刻開始，就有一種清晰而喜悅的感覺伴隨著他。這樣的故事很令人鼓舞，因為這代表擁抱自身存在的變幻無常，可以讓人變得振奮、充滿力量。

對死亡的恐懼，是我們人生中的一種陰森森且若隱若現的障礙，形塑了我們的決策、觀點與行為。但對於蒙田而言，他的餘生都會盡可能藉由反覆凝思、默想來重現逼近死亡的那一刻。他還進一步研究、探討死亡，並且了解死亡在其他文化中的角色。例如，蒙田曾寫過某個古老的飲酒遊戲，參與者會輪流舉起一幅畫像，畫中繪製著裝有屍骨的棺材，大家舉杯向它敬酒，說道：「開開心心地喝吧！因為你死的時候就會像這副模樣。」

正如逐漸老去的莎士比亞在幾年之後，於《暴風雨》一劇中所寫到的：「每轉三個念頭，就會想到我自己的墳墓。」每個文化都有各自教導同樣道理的方式，古羅馬人是這樣提醒自己的：Memento mori（勿忘人終有一死）。我們常常會忘記這點，或是需要有人提醒，雖然好像有點奇怪，但顯然我們就是這樣。

我們之所以會難以接受這件事，有部分原因是我們與自身存在的關係整個出錯了。雖然不會說出口，但實際上表現出來的樣子，就好像自己是無敵的，就好像我們對終有一死的考驗和磨難無動於衷：「這種事情只會發生在別人身上，不會發生在我身上。我還有很多時間。」

我們就是因為忘了自己對生命的掌控力究竟有多麼輕，才會花那麼多時間執迷於瑣事、想辦法變出名、賺取一生都花不完的錢，或是制定太過遙遠的計畫。然而這一切，都會被死亡抹去。所有的這些設想，都是假定死亡不會影響我們，或至少不會在我們不想要的時候到來。英國詩人湯瑪斯・格雷（Thomas Gray）曾寫道：「光榮之路無非是通往墳墓。」

無論你是誰，無論還有多少事情沒有完成，都難保哪一天會遇上某個人為了一千元、一小瓶毒品，或是因為你擋到他們的去路就殺害你。來到路口也有可能被車子撞個正著，輾過你的頭部，然後就什麼都沒了。可能是今天，可能是明天，也可能是很快到來的某一天。

這樣問也許很老套：「如果醫師說我得了癌症，我會怎樣改變我的人生？」在我們給出答案之後，總會無可避免地用同一種狡詐的謊言安慰自己：「感謝老天，我沒有得癌症。」

但其實我們有。我們每一個人都會接獲生命末期的診斷書，死刑早已宣判了。每一秒鐘都在侵蝕著我們活到明天的可能性，生命終有時，而你永遠無法阻止那一天的到來。隨時做好準備，迎接生命走到盡頭的那一天。

回想一下〈寧靜禱文〉所說的，如果某事是在我們的掌握之內，那麼它就值得把每一分精力投入進去。但死亡並不含括在其中，我們沒辦法控制自己能活多久，也沒辦法得知會有什麼事情奪走我們的性命。

然而如果能思考自己終有一死這件事，並對此有所警覺，便能創造出一種真實的觀點和急迫感。我們未必會為此感到沮喪，因為這其實是件令人振奮的事。既然這是事實，就應該善加利用。對於人終有一死這件事，與其否認——甚至更糟的，對它感到恐懼——不如張開手接納它。

每天提醒自己終將一死，有助於我們將時間視若珍寶。一個死期將至的人，不會沉溺在不可能達到的事物上，也不會浪費時間埋怨事情的走向。他們會找出自己必須做的事情，並在生命的期限到來之前盡可能完成。當那一刻來臨時，他們會有辦法讓自己說出：「我當然希望能活得更久一點，但我已經充分運用有限的時間了，所以這樣也沒關係。」

毫無疑問，死亡是我們所面對的障礙中全世界最共通的一種，而且也是我們最無能為力的一件事。在最好的情況下，我們可以冀望死期往後延，儘管如此，終究還是會屈服。

但這並不是說，活著的時候死亡對我們就毫無價值。在死亡的陰影下，我們更容易區分事情的輕重緩急，像是把和善、感激和原則擺在前面。每一樣事物都能各就其位，並且用正確的角度來看待，這樣即便死期將至，又怎麼會做錯事？何必感到恐懼？何必讓自己和他人失望？人生很快就會走向盡頭，而死亡敦促著我們，要把自己的生命過好。

我們可以學會調整自我，接受死亡——這是生命最後也最能讓人謙卑的事實——並在理解到再也沒有其他更難的事物後得到寬慰。既然你都已經能從終有一死的這件事中尋得好處，又怎能說自己沒辦法從遇到的任何障礙中汲取價值呢？

準備好重新開始

活在祝福之中吧！你已然戰勝了命運。但命運召喚我們，要從一場考驗走向下一場。

——古羅馬詩人維吉爾

自然界法則的偉大之處，就在於它永不停歇，沒有盡頭，正當你以為自己已經成功越過一個障礙，另一個就又出現了。但也因為如此，人生才饒富趣味，你會開始發現，機會就是這樣被創造出來的。

人生是一種突破障礙的過程，有一連串的堅實防線等著我們去突破。每一次突破，你都會學到一些新東西；每一次突破，你都能得到力量、智慧和洞見；每一次突破，競爭的感覺就會消散一點。而最終剩下來的，就是最好的那一個你。

正如一句海地諺語所說的：「山的後面，還有更多的山。」天堂樂園只是個神話，你並不會因為克服了一個障礙，就再也遇不到其他障礙。剛好相反，你完成的事情愈多，擋住去路的東西也就只會愈多。你永遠都會遇上更多的阻礙、更大的挑戰，一路都會是艱難的上坡路，你必須習慣這種狀況，並為此進行相應的訓練。

人生是場馬拉松，而不是短跑衝刺，了解這點是很重要的。你必須保留能量，並且明白每場戰鬥都只是眾多挑戰的其中之一。你可以好好利用它，讓下一場戰鬥變得更容易，更重要的是，你必須用實際的角度來看待這一切。

克服一個障礙，只代表你配得上更多。當這個世界似乎知道你應付得了時，就會把更多的問題丟給你。這是件好事，因為每一次的努力，我們都會變得更好。永遠不要慌忙，永遠不要緊張。保持忙碌，帶著創意來行動。凡事從容不迫，永遠不要試圖做不可能的事，但可能的事都要全力以赴。

我們不但要翻轉人生拋給我們的障礙，還要因為它而變得更好。也因此，我們對下一輪的挑戰再也不會害怕，反而是感到興奮、雀躍、迫不及待。

最後的思考：障礙成了道路

馬可・奧理略在執政晚期，被疾病纏身、瀕臨死亡的時候，接到了一個令人震驚的消息。他的老朋友，同時也是最親信的將軍阿維狄烏斯・卡西烏斯（Avidius Cassius）在敘利亞發起叛變。這個野心勃勃的將軍一聽說皇帝病弱，有可能已經死去的消息之後，便擅自稱帝，強行奪取皇位。

奧理略大可覺得憤怒。如果他想報復這名敵人，把這個企圖背叛他、威脅他的生命、家人和遺產的人消滅，歷史也會原諒他。但奧理略卻什麼也沒做，反而盡可能掩蓋消息，不讓他的軍隊知道，以防他們因此被激怒或煽動。他就只是等著看看卡西烏斯能不能自己醒悟過來。

但卡西烏斯沒有，於是奧理略便召集士兵，同時做了一個超乎尋常的宣告。他要軍隊討伐卡西烏斯，並藉此獲得「成功戰勝的偉大獎賞」，但因為提供獎賞的人是奧理略，所以這個獎賞勢必會很不一樣。

他們在俘獲卡西烏斯之後，不但要盡可能不殺害他，還要「……原諒這一個曾經讓你受委屈的人，跟這個背叛友誼的人維持友誼，對這個背信忘義的人保持信任」。

奧理略控制了自己的認知。他沒有生氣，也沒有鄙視他的敵人、對這個人口出惡言，或是將這件事情視為個人恩怨。他就只是採取正確且堅定的行動，命令士兵前往羅馬，安撫驚慌失措的群眾，然後出發去做該做的事：保衛帝國、消除威脅。

正如他與士兵們所說的，如果要從這個不希望發生的惡劣局勢中，得到一點好處的話，那就是「好好解決這個問題，並且讓全人類看到，就算是發生內戰，也有正確的處理方式」。

障礙成了道路。

當然，就像經常發生的情況一樣，即便是立意良好的計畫，也有可能被其他人打斷。對於卡西烏斯和奧理略來說，當卡西烏斯在三個月後於埃及遭人暗殺時，他們的命運就改變了。卡西烏斯的帝國夢就此終結，而奧理略原本想親自原諒背叛者的希望，也隨之破滅。

然而這個事件本身也創造了更好的機會——在更廣大的範圍實踐寬恕這件事。斯多葛學派的人很喜歡用火來比喻，奧理略曾經在他的日記中提醒自己：「當火勢燒得正猛烈時，會快速吞噬、消耗堆積其上的物質，並藉由這樣的物質而竄升得更高。」

奧理略原本想寬赦敵人的機會，因為其意外去世而被奪去，這樣的事件正好可以體現這個隱喻。現在，奧理略得以饒恕所有涉及此事的人，他不打算秋後算賬，他要成為一個更好的人、一個更好的領袖。

奧理略在卡西烏斯去世之後不久，便抵達了參與叛亂的行省，但他拒絕處死任何共犯。他不願起訴任何對叛亂表示贊同、支持的元老或行省總督，而當其他元老要求把參與叛變的同僚判處死刑時，他只寫了封簡單的信給他們：「懇求元老院的諸位，別讓我的統治被元老的鮮血所玷汙。我希望這種事永遠不要發生。」

障礙會不斷地成為道路，永永遠遠都是如此。雖然我們不太可能遇上有人以武力爭奪我們的寶座，但難免會有人對我們說出尖酸刻薄的話，或是行車時切斷我們的去路。競爭對手有可能搶走我們的生意；我們可能會受傷，會有某種力量阻止我們前進。壞事總有發生的一天。

我們永遠都可以把這一切轉化成自己的優勢，這永遠都可以是我們的機會。

然而如果我們遇到的狀況是他人貪戀權利，而我們唯一的選擇就是當個好人、練習寬恕，就像奧理略遇到的情況一樣呢？嗯，那也是個不錯的選擇。

我相信你已經注意到，本書中的每一個故事都存在著這樣的模式：某個障礙擋住了某人的路，他們直視障礙，不受威嚇，將所有心力投入到自己的問題、弱點或議題中。即使他們未必能按照自己期望的方式來克服障礙，但他們最終都能變得更好、更強大。

橫亙於道路前的障礙，可以成為道路。原本妨礙行動的事物，某些情況下反而能促使自己前進。這是一件鼓舞人心、令人感動的事情，也是一門藝術，我們必須將之納入自己的生活中。

不是所有人都會因為遇到障礙，而把絕望視作理所當然，即便他們遇到的障礙往往跟你我遇到的一樣。事實上，他們所想的正好相反。他們會認為問題總有現成的解決方案，並將之視為考驗、提升自我的機會。

沒有任何事物能擋住他們的去路。相反地，一切都引導著他們走在前進的道路上。

能這樣豈不是更好嗎？這種做法感覺更輕盈、更靈活，與我們多數人所選擇的生活方式大有不同——我們往往會耽溺於失望、怨恨和挫折之中。

我們可以對人生中發生的「壞事」存有感激之情，而不是怨懟，因為我們能把災難轉化為實際的利益、反敗為勝。

命運不必然就是宿命，它也可以被看作是天意和自由。

這些人物沒有受什麼特別的教育，除了很多人可能對斯多葛學派的古老智慧很熟悉以外。他們所做的一切，對我們而言都並非遙不可及，反而還開啟了每一個人內在的潛力。他們在經歷了逆境的嚴酷考驗、被試煉的熔爐鍛造之後，發現了認知、行動和意志的潛在力量。

憑藉這三種修練，他們可以：

首先，將事情看清楚。

接著，做出正確行動。

最後，能忍受、接納這個世界的真實樣貌。

看清事物的實際樣貌，不放過任何可能性，堅定自己的立場，並且轉化所有無法改變的事物。這三者是可以相輔相成的：行動能給予信心，讓我們能忽視或控制自己的認知；可以透過行動來彰顯並支持我們的意志。

兼具哲學家與作家身分的納西姆·塔雷伯曾將斯多葛派人士定義為能夠「將恐懼化為明智，將痛苦化為蛻變，將錯誤化為開創，將渴望化為任務」的人。這樣的循環在經過時間的推移之後，會愈走愈順暢。

當然，沒人說你必須馬上就辦到這一切。柴契爾夫人直到六十歲才以「鐵娘子」聞名於世。拉丁文有句諺語是這麼說的：「Vires acquirit eundo」（我們在前進中凝聚力量）。事情就是這麼運作的，這就是我們的座右銘。

只要能掌握這三種修練，我們就有能力將障礙翻轉過來，可以承受任何挑戰。

當然，紙上談兵、光說不練是不夠的，我們必須實踐這些格言，在腦海中反覆揣摩並付諸行動，直到它們變成我們的肌肉記憶為止。在壓力和考驗之下，我們會變得更好，成為更好的人、更好的領導者、更好的思想家。因為那些考驗和壓力都必然會來到，而且會反覆不停地出現。

不過，別擔心，現在你已經為充滿障礙和困境的人生做好準備了。你知道如何應付它們，如何把障礙一掃而空，甚至從中獲益。你已經對整個過程瞭然於心。你已經學會掌握認知與意念的藝術，像洛克斐勒一樣，在壓力下能泰然處之，對羞辱和欺凌無動於衷。你有辦法在最黑暗之處看到機會。

你能夠帶著飽滿的活力、抱持不懈的精神來引導自己的行動。像狄摩西尼一樣，你能為自己負起責任，努力自學、彌補不足，致力追求自己在這個世界上應有的使命與位置。

你擁有鋼鐵般堅定而強大的意志，像林肯一樣，意識到人生就是一場考驗。雖然活著不容易，但無論如何，你都已經準備好，要全力以赴、承擔責任、不屈不撓、激勵他人。

無數的實踐者都已經離我們遠去，但他們面臨的問題和障礙與我們並無不同。斯多葛哲學幫助他們成功度過這些難關，讓他們得以默默克服人生拋給他們的障礙，並因此而更加茁壯。

他們沒有比較特別，也不是那種我們無論如何也無法趕得上的人。他們做的事情很簡單（簡單，卻並不容易）。為了提醒自己，讓我們再重申一遍：

- 看清事物的本質
- 盡己所能
- 承擔並忍受我們該盡的責任

曾擋住去路的，現在已成了道路。
曾阻礙行動的，反而推進了行動。
障礙就是道路。

後記／

現在你是個哲學家了，恭喜你

成為一名哲學家，不僅要具備縝密的思維或創建某一學派的能力……不只是在理論上，還要在實務上解決人生中遇到的問題。

——美國作家亨利・梭羅

現在，你已經加入奧理略、加圖（Cato）、塞內卡、湯瑪斯・傑佛遜、詹姆斯・史托克戴爾、愛比克泰德、老羅斯福、喬治・華盛頓等眾多偉人的行列了。

我們可以完全確定的事實是，這些人都明確地實踐並研究了斯多葛哲學。他們不是學院派，而是行動派的人物。奧理略是世界史上最強帝國的皇帝；加圖是許多哲學家心目中的道德典範，他雖然未曾留下隻字片語，卻以斯多葛式的果敢精神捍衛羅馬共和國，直到桀驁不馴地死去。就連身為演說家的愛比克泰德，過得也不是很輕鬆，他早年曾是一名奴隸。

據說腓特烈大帝（Frederick the Great）騎馬時，會在鞍囊中攜帶斯多葛學派的著作，因為他說這些著作能「在不幸時支持自己」。政治家兼散文作家蒙田，將愛比克泰德的話刻在書房的橫梁上，那是他花最多時間待的地方。華盛頓在十七歲時，經由鄰居的介紹，認識了斯多葛哲學。後來他在福吉谷上演了一齣關於加圖的戲劇，以期在晦暗的冬日給予士兵們一些啟發。

傑佛遜去世的時候，他的床頭櫃上放著塞內卡的著作。經濟學家亞當・斯密在探討這個世界的相互關聯性，也就是資本主義的理論時，明顯受到斯多葛學派的影響。他接觸這些內容時還只是個學童，跟著一名翻譯過奧理略著作的老師學習。以畫作〈自由領導人民〉聞名的法國浪漫主義畫家德拉克洛瓦（Eugène Delacroix）是一名狂熱的斯多葛主義信徒，他將之形容為能夠「安慰自己的宗教」。杜桑・盧維杜爾原本是一名奴隸，卻敢於挑戰皇帝的權威，他就曾經讀過並深刻地受到愛比克泰德的著作影響。政治思想家約翰・史都華・密爾（John Stuart Mill）在他的名著《論自由》中提到了奧理略和斯多葛主義，並稱之為「古代思想的最高道德產物」。

作家安布羅斯・比爾斯（Ambrose Bierce）是一名受勛的南北戰爭退伍軍人，同時也是馬克・吐溫和H・L・孟肯同時代的人，他曾向有志成為作家的來信者們推薦塞內卡、奧理略及愛比克泰德的著作，說是可以從中學到「如何成為眾神餐桌旁的尊貴嘉賓」。老羅斯福總統在卸下總統職位之後，花了八個月的時間在亞馬遜叢林中探險，還差點葬身於此。旅程中他所攜帶的八本書裡面，其中兩本是奧理略的《沉思錄》和愛比克泰德的《手冊》（Enchiridion）。

創造了「集體協商」（collective bargaining）概念的英國社會改革家貝特麗絲・韋伯（Beatrice Webb），曾在她的回憶錄中情真意摯地憶及《沉思錄》，將之視為「奉獻手冊」。美國南方著名的政治、文學與種植園王朝波西家族（The Percys），曾在一九二七年的洪災中拯救了數千條人命，而他們也是斯多葛學說的忠實擁護者，因為其中有一位成員曾寫道：「當我們失去一切時，它仍能讓我們屹立不搖。」

一九〇八年，銀行家、實業家與參議員戈達德（Robert Hale Ives Goddard）將一座奧理略的騎馬雕像捐給布朗大學。就在他捐贈約八十年後，蘇聯詩人、異議分子和政治犯約瑟夫．布羅茨基（Joseph Brodsky）在他的一篇著名論文中，對這座雕像位於羅馬的原始版本下了如此的評論：「如果《沉思錄》是古物，那我們就是廢墟。」和布羅茨基一樣，詹姆斯．史托克戴爾也曾被迫在牢裡待過，確切地說，是在越共的戰俘營中度過了七年半的時間。當他從機艙跳傘降落時，他對自己說：「我要準備離開科技世界，進入愛比克泰德的世界了。」

時間來到現代。比爾．柯林頓每一年都會重讀奧理略的書。中國前總理溫家寶說《沉思錄》是他旅行時必帶的兩本書之一，而且他一生已將這本書讀過不下百次。暢銷作家兼投資人提摩西．費里斯曾將斯多葛主義稱作是他的「操作系統」，而與他同類型的前輩，則是早已成功將這個哲學思想推廣至整個矽谷。

你可能不會把自己視為「哲學家」，但本書中提到的多數人也同樣不這麼認為。然而，無論從什麼角度來看，這些人都符合哲學家的定義。現在你也是哲學家了，是一個能付諸行動的人。斯多葛哲學說的內涵貫穿了你的人生，一如它對這些人，以及對整個世界史的影響。有時它的影響很顯而易見，有時卻很隱晦。

哲學的本質就是行動，讓我們能善用心智的力量去化解障礙，並且理解問題的核心存在著什麼，以及其背後的更大脈絡為何。用哲學的眼光看待事物，做出相應的行動。

正如我在本書中舉過的例子，無數人在不知不覺中，成了斯多葛學派和哲學的最佳體現。這些人不是作家或講師，而是實踐者，就跟你一樣。

愛比克泰德的名著《手冊》，其書名的拉丁文意思是「近在手邊」，或有一說是「在你手中」的意思。這就是斯多葛哲學的目的所在：在你手中，成為你的延伸。這不是讓你讀一遍就束之高閣的東西。正如奧理略曾寫過的，它的目的在於讓我們成為拳擊手，而不是擊劍手——如果你想揮動武器，只需要握緊拳頭就好了。

希望本書有或多或少傳遞了這些課程，成為你的武器。現在你是個哲學家，也是個行動派的人了，而且，這兩者是不衝突的。

致謝

所有人中最先介紹我認識斯多葛學說的就是德魯・平斯基博士（Dr. Drew Pinsky）。當時我還是一名大學生，受邀參加一場由德魯博士主辦的小型私人校園記者高峰會，當時德魯博士是廣播節目Loveline的主持人。高峰會結束後，他站在角落，我小心翼翼地走過去，帶著一點緊張的情緒，問他能否推薦一些書單。他說他正在研讀一位哲學家的書，名字叫愛比克泰德，建議我也去了解一下。

我回到飯店房間，立刻在亞馬遜網站訂購了這本書，同時也訂了奧理略的《沉思錄》。而我的人生從那個時候開始，就再也不一樣了。

我想感謝我的女友Samantha，她是我最愛的人。她在我們只交往幾個星期的時候，去買了我極力推薦的《沉思錄》，那時，我就知道她是個與眾不同的人。多年以來，她容忍了很多我在私人生活中自認為很「不斯多葛」的時刻，實在值得嘉許。謝謝妳陪我散步這麼多次，還要一路忍受我的自言自語。我想謝謝我的狗Hanno，雖然牠不會讀到這裡，但牠常常提醒我要活在當下，享受純粹真實的喜悅。

若不是因為有Nils Parker，你讀的這本書就不可能順利出版。經過他的編輯工作和長時間與我交談，本書才能逐漸成形。這本書之所以能問世，要歸功於我的經紀人Stephen Hanselman的大力促成，以及我的編輯Niki Papadopoulos，即便本書與我的第一本大相逕庭，她仍對本書充滿信心，一路相挺。感謝Adrian Zackheim給我機會，讓我能成為企鵝藍燈書屋（Penguin Random House）旗下Portfolio出版社作家群的一分子。

我必須感謝我的導師羅伯．葛林（Robert Greene），他不僅贊助了我很多引用資料的書籍，還教我如何利用敘事技巧來傳遞訊息、打造一本書。他在我的草稿上給予了非常寶貴的評註。

謝謝Aaron Ray和Tucker Max向我展現了哲學家的生活和付諸實行的生活

是並不衝突的。Tucker，是你鼓勵我培養閱讀習慣，也是你告訴我在讀完愛比克泰德的書之後，可以接著讀奧理略的書。特別感謝Aaron把我從學校拉出來，逼著我活在現實世界中。我還要感謝提摩西．費里斯，二〇〇九年的時候，他鼓勵我在他的網站上撰寫關於斯多葛學派的文章，也謝謝他曾在阿姆斯特丹與我長談，這些內容都成了本書的絕佳補充素材。

謝謝Jimmy Soni和Rob Goodman提供了很棒的評注，以及關於加圖的書。感謝Shawn Coyne建議我將本書分成三大部分。感謝Art of Manliness.com的創辦者Brett Mckay提供推薦閱讀書單，以及Matthias Meister在巴西柔術上提供的見解與指導。感謝Garland Robinette、Amy Holiday、Brent Underwood與Michael Tunney等人給我的想法與回饋。謝謝Reddit上的/r/stoicism，這是一個很棒的社群，網友們熱心回答我的問題，激發了我更多的想法和疑問。謝謝New Stoa長年以來在線上傳揚斯多葛學說的貢獻。

除了上述的資源以外，還有許許多多人及作家，讓我接觸到本書提及的故事與智慧點滴，對此我想獻上由衷的謝意。我將大部分的內容記錄在我的閱讀筆記內，雖然有很多資料無法溯源，但我仍對這些智慧的教導深感敬畏。我深深認為這本書匯集的是比我更優秀、更有才智之人的思想及行動，希望你也能抱持同樣的心態閱讀它，並把功勞歸給這些人。

斯多葛學派的閱讀書單

在眾多哲學領域中，斯多葛學派有可能是唯一第一手原始文獻比後續發展的學術著作都更簡潔易讀的派別。這是個好消息，因為這代表你可以直接從源頭深入了解這個主題。這些作者們的著作相當易於理解，我相信任何人都可以讀懂。以下是我的推薦書單，包括特定的翻譯文本，以及一些值得一讀的文獻。

- 《沉思錄》（Meditations），馬可・奧理略著

我已經向成千上萬的人推薦過這本書，請務必買來一讀，它能改變你的一生。

- 《道德書簡集》（Letters of a Stoic）、《論生命之短暫》（On the Shortness of Life），塞內卡著

如果你想對斯多葛學派有進一步了解，塞內卡或奧理略的書都是很好的起點。你可以從字裡行間發現塞內卡是個很有趣的人，這在斯多葛學者中可說是滿罕見的。我建議各位可以先從短文集《論生命之短暫》開始讀起，之後再閱讀他的《道德書簡集》。

- 《語錄》（Discourses），愛比克泰德（Epictetus）著

在斯多葛學派的這三大巨頭中，愛比克泰德的說教意味最濃厚，讀起來也最無趣。但他時不時會提出一些清晰、深刻的論點，足以撼動你的內心。

其他書籍與作者

其他值得閱讀的偉大哲學家著作，還包括赫拉克利特（Heraclitus）、普魯塔克（Plutarch）、蘇格拉底、西塞羅（Cicero）、蒙田（Montaigne）、阿圖

爾・叔本華（Arthur Schopenhauer），尤其是他們關於格言或警語的書籍，與斯多葛學派的思想有許多相符之處。

國家圖書館出版品預行編目 (CIP) 資料

挫折逆轉勝：認知 X 行動 X 意志 ,32 個聰明應對困境的心理技巧 / 萊恩 . 霍利得著 ; 張斐喬譯 . -- 初版 . -- 臺北市 : 遠流出版事業股份有限公司 , 2024.03
面； 公分
譯 自 : The obstacle is the way : the timeless art of turning trials into triumph.
ISBN 978-626-361-485-7(平裝)

1.CST: 自我實現 2.CST: 生活指導 3.CST: 成功法

177.2 113000752

挫折逆轉勝

認知 × 行動 × 意志，32 個聰明應對困境的心理技巧

作者——萊恩・霍利得（Ryan Holiday）
譯者——張斐喬
總編輯——盧春旭
執行編輯——黃婉華
行銷企劃——鍾湘晴
美術設計——王瓊瑤

發行人——王榮文
出版發行——遠流出版事業股份有限公司
地址——104005 台北市中山北路一段 11 號 13 樓
客服電話——(02)2571-0297
傳真——(02)2571-0197
郵撥——0189456-1
著作權顧問——蕭雄淋律師
ISBN——978-626-361-485-7

2024 年 3 月 1 日 初版一刷
定價——新台幣 420 元
（缺頁或破損的書，請寄回更換）

遠流博識網
http://www.ylib.com
E-mail: ylib@ylib.com